PRECIOSAS

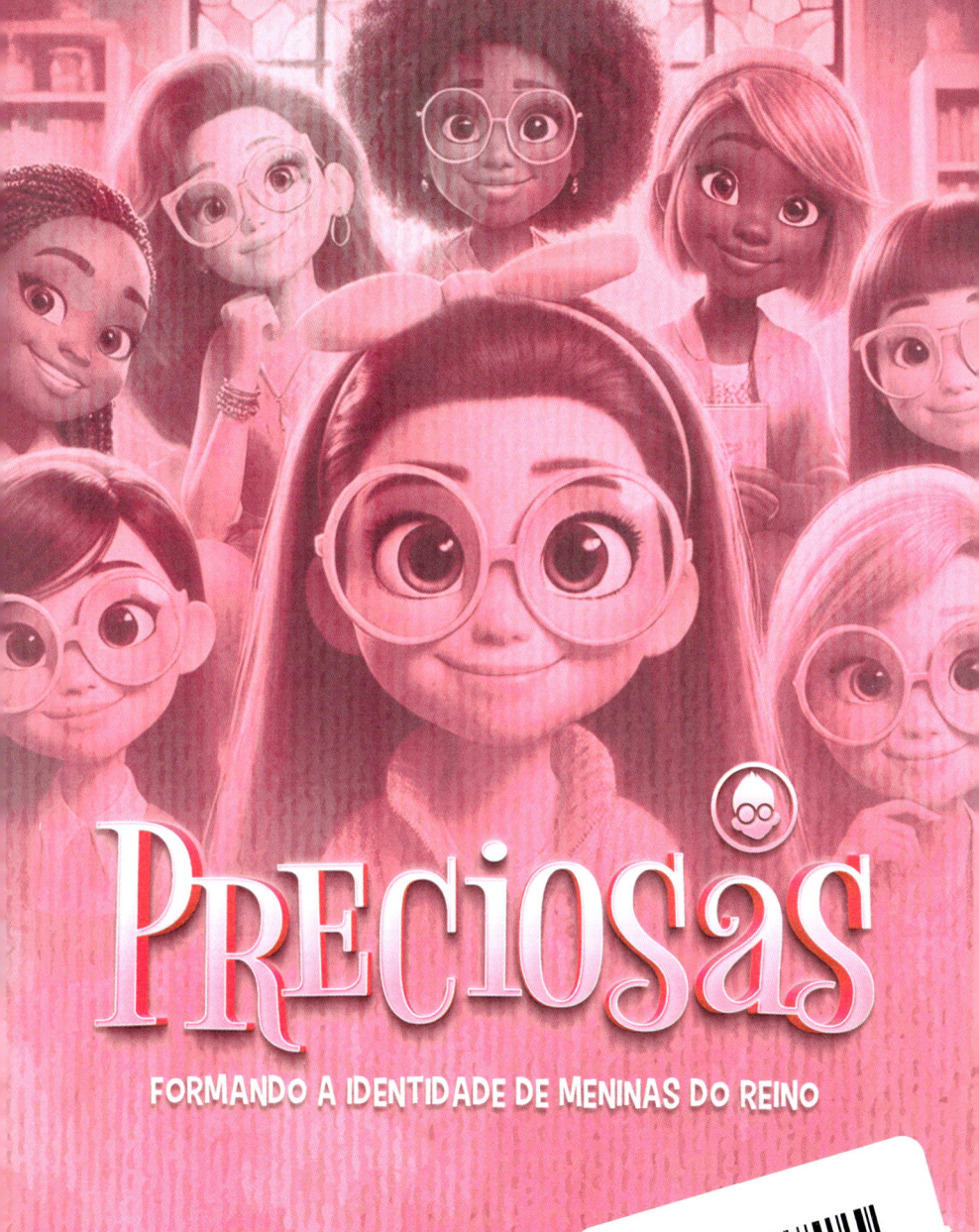

FORMANDO A IDENTIDADE DE MENINAS DO REINO

EXPEDIENTE

DIREÇÃO EDITORIAL
SINVAL FILHO
WEGLISON CAVALARO

MARKETING E PRODUTOS
LUCIANA LEITE

CAPA E ILUSTRAÇÕES
WEGLISON CAVALARO

PROJETO GRÁFICO E DIAGRAMAÇÃO
WEGLISON CAVALARO

REVISÃO
RAFAELLA RIBEIRO

LION EDITORA
RUA DIONÍSIO DE CAMARGO, 106, CENTRO, OSASCO - SP - CEP 06086-100
CONTATO@LIONEDITORA.COM.BR • (11) 4379-1226 | 4379-1246 | 98747-0121
WWW.LIONEDITORA.COM.BR

COPYRIGHT 2024 POR LION EDITORA
TODOS OS DIREITOS SÃO RESERVADOS À LION EDITORA E PROTEGIDOS PELA LEI Nº 9.610 DE 19/02/1998. FICA ESTRITAMENTE VEDADA A REPRODUÇÃO TOTAL OU PARCIAL DESTA OBRA, POR QUAISQUER MEIOS (ELETRÔNICOS, MECÂNICOS, FOTOGRÁFICOS, GRAVAÇÃO E OUTROS), SEM PRÉVIA AUTORIZAÇÃO POR ESCRITO DA EDITORA. ESTE LIVRO É UMA PUBLICAÇÃO INDEPENDENTE, E QUAISQUER CITAÇÕES OU IMAGENS RELACIONADAS A QUAISQUER MARCAS OU PERSONAGENS SÃO UTILIZADAS SOMENTE COM A FINALIDADE DE REFLEXÃO, ESTUDO, CRÍTICA, PARÁFRASE E INFORMAÇÃO.

Dados Internacionais de Catalogação na Publicação (CIP)
(eDOC BRASIL, Belo Horizonte/MG)

C376d   Cavalaro, Weglison.
           Devocional Preciosas / Weglison Cavalaro. – Osasco, SP: Lion, 2024.
           88 p. : il. ; 15 x 21 cm

           ISBN 978-65-87533-91-9

           1. Bíblia – Literatura infantojuvenil. 2. Vida cristã. I. Título.
                                                        CDD 248.4

Elaborado por Maurício Amormino Júnior – CRB6/2422

AGRADECIMENTO

Primeiramente, agradeço a Deus, que é a fonte de toda a inspiração, minha vida e minha força em cada passo desta caminhada.

Quero dedicar este livro às três mulheres incríveis que iluminaram meu caminho e me inspiraram profundamente: minha mãe, Cida; minha esposa, Ana Maria; e minha filha, Bella.

À minha mãe, Cida, que desde sempre me ensinou os valores que hoje compartilho neste livro. Sua sabedoria e amor incondicional moldaram o homem que sou, e este trabalho é um reflexo da educação e dedicação que recebi.

À minha esposa, Ana Maria, que é o alicerce da nossa família e a força que me impulsiona a sonhar alto. Sua crença em mim e no nosso projeto, mesmo nos momentos mais desafiadores, é o que torna tudo isso possível. Sua presença ao meu lado é um presente inestimável.

E à minha filha, Bella, que, mesmo sendo apenas um bebê, já carrega em si a promessa de um futuro cheio de propósito e identidade. Sei da responsabilidade que tenho em guiá-la neste caminho, e este livro é também para ela, para que um dia possa encontrar sua própria inspiração nas palavras aqui escritas.

Às três mulheres da minha vida, minha eterna gratidão e amor. Sem vocês, este livro não existiria. Cada palavra é dedicada a vocês.

Sobre o Autor

Weglison Cavalaro, aos 42 anos, é um dedicado instrutor da nova geração nos caminhos do Senhor. Casado com Ana Maria, juntos, eles educam seus filhos no caminho de Deus. Como pai de dois adolescentes e fundador do "OMUNDODEOTÁVIO", Weglison agora assume a missão de guiar sua filha mais nova, Bella, para firmar sua identidade e propósito em Deus, sempre unindo trabalho e fé para impactar vidas.

O MUNDO DE OTÁVIO
VEM CRESCER COM A GENTE!

O CANAL "OMUNDODEOTÁVIO" NO YOUTUBE DESEMPENHA UM PAPEL FUNDAMENTAL NA FORMAÇÃO DE PRINCÍPIOS E VALORES NAS CRIANÇAS DE HOJE, OFERECENDO UMA ALTERNATIVA VALIOSA EM UM MUNDO ONDE O CONTEÚDO DIGITAL ESTÁ SEMPRE AO ALCANCE. AO COMBINAR DIVERSÃO COM APRENDIZADO, O CANAL CRIA UM AMBIENTE ONDE AS CRIANÇAS PODEM SE ENTRETER ENQUANTO ABSORVEM IMPORTANTES LIÇÕES DE VIDA E ENSINAMENTOS BÍBLICOS, TORNANDO O APRENDIZADO ALGO NATURAL E ENVOLVENTE.

CADA VÍDEO É CUIDADOSAMENTE PROJETADO PARA TRANSMITIR MENSAGENS DE AMOR, RESPEITO, COOPERAÇÃO E FÉ, DESTACANDO A IMPORTÂNCIA DA FAMÍLIA E DA COMUNIDADE. ATRAVÉS DE PERSONAGENS CATIVANTES E HISTÓRIAS ENVOLVENTES, "OMUNDODEOTÁVIO" NÃO APENAS ENTRETÉM, MAS TAMBÉM EDUCA E INSPIRA AS CRIANÇAS A SE TORNAREM INDIVÍDUOS MELHORES, PREPARADAS PARA ENFRENTAR DESAFIOS E ALCANÇAR SEUS OBJETIVOS COM INTEGRIDADE E RESPONSABILIDADE.

Sumário Preciosas

Prefácio..................10

Introdução..................12

01 — EVA: A PRIMEIRA MULHER DA HUMANIDADE 15

02 — SARA: A MULHER QUE ESPEROU A PROMESSA DE DEUS 19

03 — MULHER SAMARITANA: UM ENCONTRO QUE MUDOU TUDO 23

04 — VIÚVA: TRANSFORMOU CHORO EM ALEGRIA 27

05 — JOQUEBEDE: UMA MÃE DE CORAGEM E FÉ 31

06 — MÍRIAM: A LÍDER DE LOUVOR E CORAGEM 35

07 — MENINA SERVA: A MENINA QUE MUDOU A VIDA DE NAAMÃ 39

08 — DÉBORA: UMA MULHER DE CORAGEM E SABEDORIA 43

09 — NOEMI: A MULHER DE FIDELIDADE E AMOR 47

10 RUTE: A MULHER DE FIDELIDADE E FÉ ················51

11 ANA: A MULHER QUE REALIZOU SEU SONHO PELA ORAÇÃO ·········55

12 ABIGAIL: A MULHER DE SABEDORIA E PAZ ···············59

13 AMOR DE MÃE: O AMOR QUE MOSTRA A VERDADEIRA SABEDORIA ·····63

14 ESTER: A MULHER CORAJOSA QUE SALVOU SEU POVO ···············67

15 MARIA: A MULHER ESCOLHIDA PARA UM GRANDE PROPÓSITO ·········71

16 MARTA E MARIA: AS AMIGAS DE JESUS ················75

17 MARIA MADALENA: A DISCÍPULA QUE TESTEMUNHOU A RESSURREIÇÃO ···79

18 MENINA PRECIOSA: VIVA SEU PROPÓSITO COM CORAGEM E FÉ ·········83

Prefácio

É com grande alegria e um profundo senso de propósito que apresento "Preciosas". Como filha amada de Deus, mulher, esposa do autor, mãe da nossa filha e profissional da educação, eu vejo diariamente a importância de cultivar uma identidade feminina sólida e inspiradora. Em um mundo onde o conceito de feminilidade pode muitas vezes parecer confuso, este livro surge como uma luz para meninas, oferecendo um caminho claro para entender e abraçar o verdadeiro valor de ser uma menina do Reino.

"Preciosas" é muito mais do que um livro; é um convite para que cada menina descubra e celebre sua identidade única e divina. Ao explorar as vidas e os exemplos de mulheres bíblicas notáveis, as jovens leitoras encontrarão modelos de coragem, fé e dignidade que podem inspirar e orientar suas próprias jornadas. Cada história e lição são projetadas para ajudar a construir uma compreensão mais profunda do que significa ser preciosa aos olhos de Deus e como viver de acordo com esses valores no dia a dia.

Por meio deste livro, queremos proporcionar um espaço onde pais e filhas possam se conectar e refletir juntos sobre o valor inestimável que cada uma possui. Que "Preciosas" seja um recurso valioso e encorajador para todas as famílias que desejam fortalecer o senso de identidade e propósito de suas meninas, ajudando-as a crescer como mulheres confiantes e plenas.

Com esperança e gratidão, agradecemos a todos que se juntam a nós nesta jornada especial. Que este livro seja uma fonte de inspiração e um guia para cada menina que busca entender e viver a beleza e a força de ser verdadeiramente preciosa para Deus.

Com carinho,
Ana Maria Cavalaro

Introdução

O Propósito Especial de Deus para Meninas Preciosas

Olá, meninas preciosas! Eu sou o Otávio, do canal "O Mundo de Otávio", e estou muito empolgado para compartilhar com vocês um livro cheio de histórias inspiradoras. Neste livro, vamos conhecer mulheres incríveis da Bíblia que enfrentaram momentos desafiadores, mas confiaram em Deus e encontraram força, coragem e propósito.

Essas histórias me lembram das mulheres especiais na minha vida: minha mãe, Cida; minha esposa, Ana Maria; e nossa filha, Bella. Elas me ensinam sobre o amor de Deus e me inspiram todos os dias. Quero que, assim como eu aprendo com elas, você também possa aprender com as mulheres da Bíblia a viver com confiança, fé e amor.

Você foi criada por Deus de forma única e especial, com um propósito maravilhoso. Ao ler as histórias dessas mulheres corajosas e cheias de fé, você aprenderá como Deus tem um plano para a sua vida, independentemente dos desafios que você possa enfrentar. Prepare-se, então, para uma jornada emocionante que vai fortalecer sua identidade e propósito em Deus!

Preciosas

Preciosas

01
Eva

01

A Primeira Mulher da Humanidade

Gênesis 2:18-24 // Gênesis 3

No lindo e perfeito Jardim do Éden, Deus criou a primeira mulher: Eva. Ele sabia que Adão, o primeiro homem, precisava de uma companheira, alguém que estivesse ao seu lado, para cuidarem juntos de tudo o que Ele havia criado. Eva foi feita com amor, para ser uma amiga especial para Adão, e juntos, eles viviam em harmonia com Deus, cercados pela beleza da criação.

Deus deu a Adão e Eva tudo o que eles precisavam. No jardim, havia frutas deliciosas, animais para cuidar e a presença constante de Deus, que caminhava com eles todos os dias. Deus lhes deu uma instrução importante: não comer o fruto de uma árvore específica que estava no meio do jardim. Ele avisou que, se comessem, coisas ruins aconteceriam.

Um dia, enquanto explorava o jardim, Eva encontrou uma serpente muito astuta. A serpente começou a falar com ela, questionando por que ela não podia comer o fruto daquela árvore. Eva explicou que Deus havia dito para não comer, mas a serpente insistiu, dizendo que, se ela comesse, se tornaria tão sábia quanto Deus. Eva, curiosa e tentada, comeu o fruto e também o deu a Adão.

Naquele momento, tudo mudou. O pecado entrou no mundo, e Adão e Eva perceberam que haviam desobedecido a Deus. Eles sentiram medo e vergonha e não puderam mais viver no lindo jardim. Mesmo assim, Deus mostrou o Seu imenso amor. Ele fez roupas para eles, cuidando de cada detalhe, e prometeu que um dia o mal seria vencido.

Mesmo quando cometemos erros, Deus nunca deixa de nos amar. Ele sempre está ao nosso lado, pronto para nos dar uma nova chance e nos ajudar a recomeçar. Você é muito preciosa para Deus, e Ele sempre cuidará de você.

Preciosas

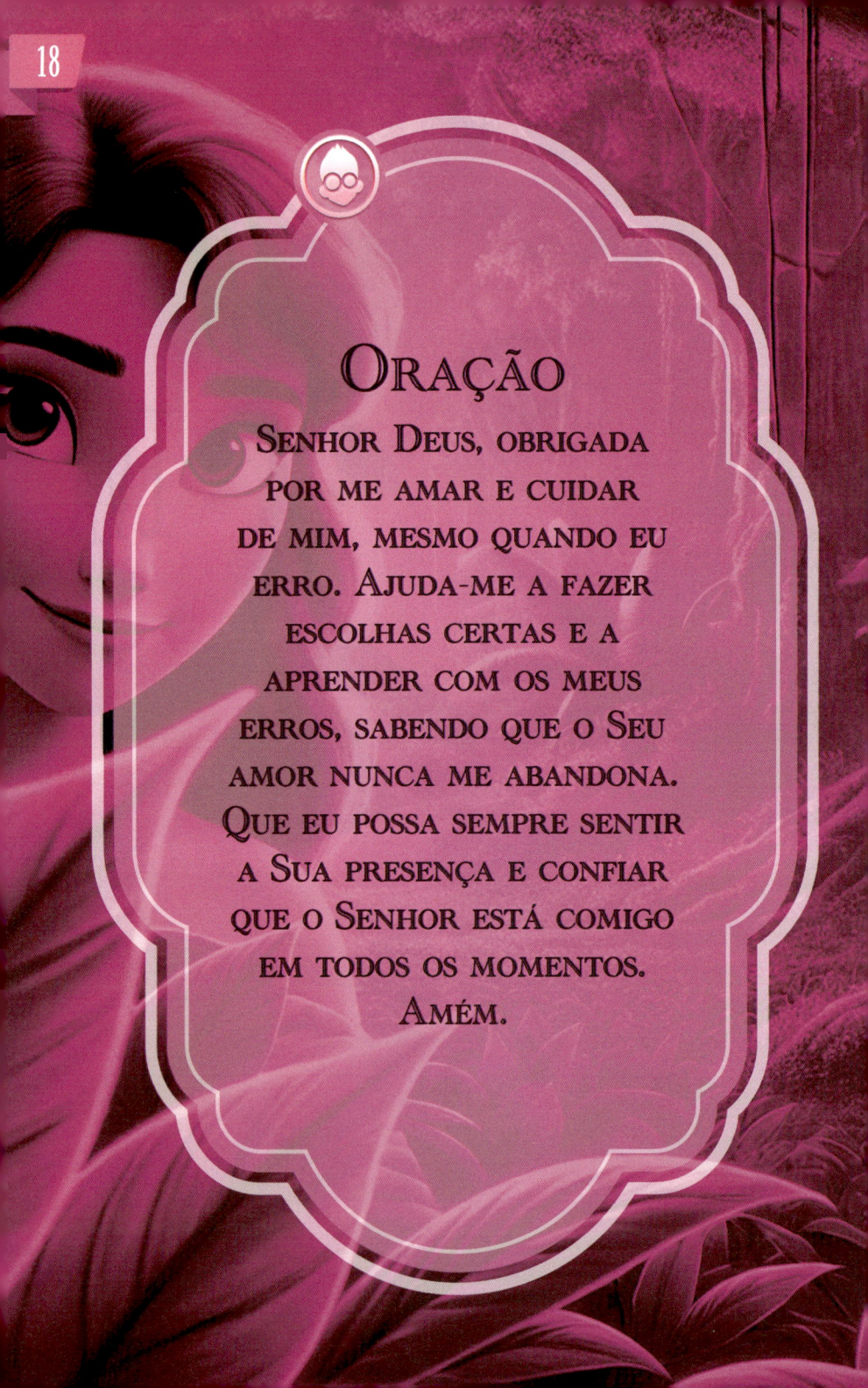

Oração

Senhor Deus, obrigada por me amar e cuidar de mim, mesmo quando eu erro. Ajuda-me a fazer escolhas certas e a aprender com os meus erros, sabendo que o Seu amor nunca me abandona. Que eu possa sempre sentir a Sua presença e confiar que o Senhor está comigo em todos os momentos. Amém.

Preciosas 02
Sara

02 — A Mulher que Esperou a Promessa de Deus

Gênesis 17:15-21 // Gênesis 18:9-15
Gênesis 21:1-7

Preciosas

Sara foi a esposa de Abraão e viveu uma história incrível de fé e esperança. Deus havia prometido a Sara e Abraão que eles teriam um filho, um filho que seria o começo de uma grande nação. No entanto, o tempo passou, e Sara não conseguia engravidar. Ela já era idosa, e a ideia de ter um bebê parecia impossível. Quando Sara ouviu a promessa de Deus novamente, ela riu, achando difícil acreditar que ainda poderia ser mãe naquela idade.

Mas o que Sara não sabia é que para Deus nada é impossível. Mesmo quando todas as circunstâncias diziam o contrário, Deus cumpriu Sua promessa. No tempo certo, Sara deu à luz aum filho, e o nome dele foi Isaque, que significa "riso". Esse nome foi escolhido porque Sara riu tanto de incredulidade quanto de alegria. A promessa de Deus se cumpriu de uma maneira que ninguém esperava, mostrando que Ele é fiel e poderoso para realizar até mesmo o que parece ser impossível.

A história de Sara nos ensina uma lição valiosa: esperar pode ser muito difícil, especialmente quando não vemos nenhuma mudança acontecendo. Mas Deus nunca se esquece das promessas que faz. Ele tem um plano perfeito para cada um de nós, e tudo acontece no tempo certo. Às vezes, podemos duvidar, assim como Sara duvidou, mas Deus é paciente e sempre nos dá motivos para acreditar que Ele está no controle.

Menina preciosa, saiba que, mesmo quando as coisas parecem difíceis ou demoradas, Deus está cuidando de cada detalhe da sua vida. Ele nunca se esquece de você e sempre cumpre Suas promessas no momento certo. Aprenda a confiar e a esperar em Deus, porque Ele tem grandes coisas preparadas para você.

Oração

Senhor Deus, obrigada por sempre cumprir Suas promessas, mesmo quando parece difícil acreditar. Ajuda-me a confiar em Ti e a esperar pacientemente pelo Seu tempo. Que eu possa ter fé como Sara, sabendo que para o Senhor nada é impossível.
Amém.

Preciosas

03

Mulher Samaritana

03
Um Encontro que Mudou Tudo

João 4:1-42

Olá, meninas preciosas! Hoje, vamos conhecer uma história incrível sobre como um encontro com Jesus pode transformar totalmente uma vida. Essa é a história da Mulher Samaritana.

Certo dia, Jesus e Seus discípulos estavam cansados e com fome. Pararam perto de um poço na cidade de Sicar, em Samaria. Enquanto os discípulos foram comprar comida, Jesus ficou no poço. Logo, uma mulher samaritana veio tirar água, e Jesus lhe disse: "Você pode me dar um pouco de água?"

A mulher, surpresa, perguntou por que Ele, sendo judeu, falava com ela, uma samaritana. Então, Jesus respondeu: "Se você soubesse quem está lhe pedindo água, você pediria a Ele, e Ele lhe daria a água da vida." A mulher ficou curiosa, e Jesus explicou que essa água é especial, e quem beber dela nunca mais terá sede.

Ela ainda não entendia que Jesus estava falando sobre a salvação e a vida eterna. Mas, à medida que conversavam, Jesus revelou coisas sobre a vida dela, e ela percebeu que estava diante do Messias. Com alegria, correu para contar a todos na cidade sobre Jesus, e muitos creram Nele por causa dela.

Jesus te conhece por completo e sabe tudo sobre você. Quando você O busca e conversa com Ele, seu coração se enche de amor e vida. E você pode compartilhar essa "água viva" com outras pessoas que também precisam de um encontro com Jesus, assim como a Mulher Samaritana.

Preciosas

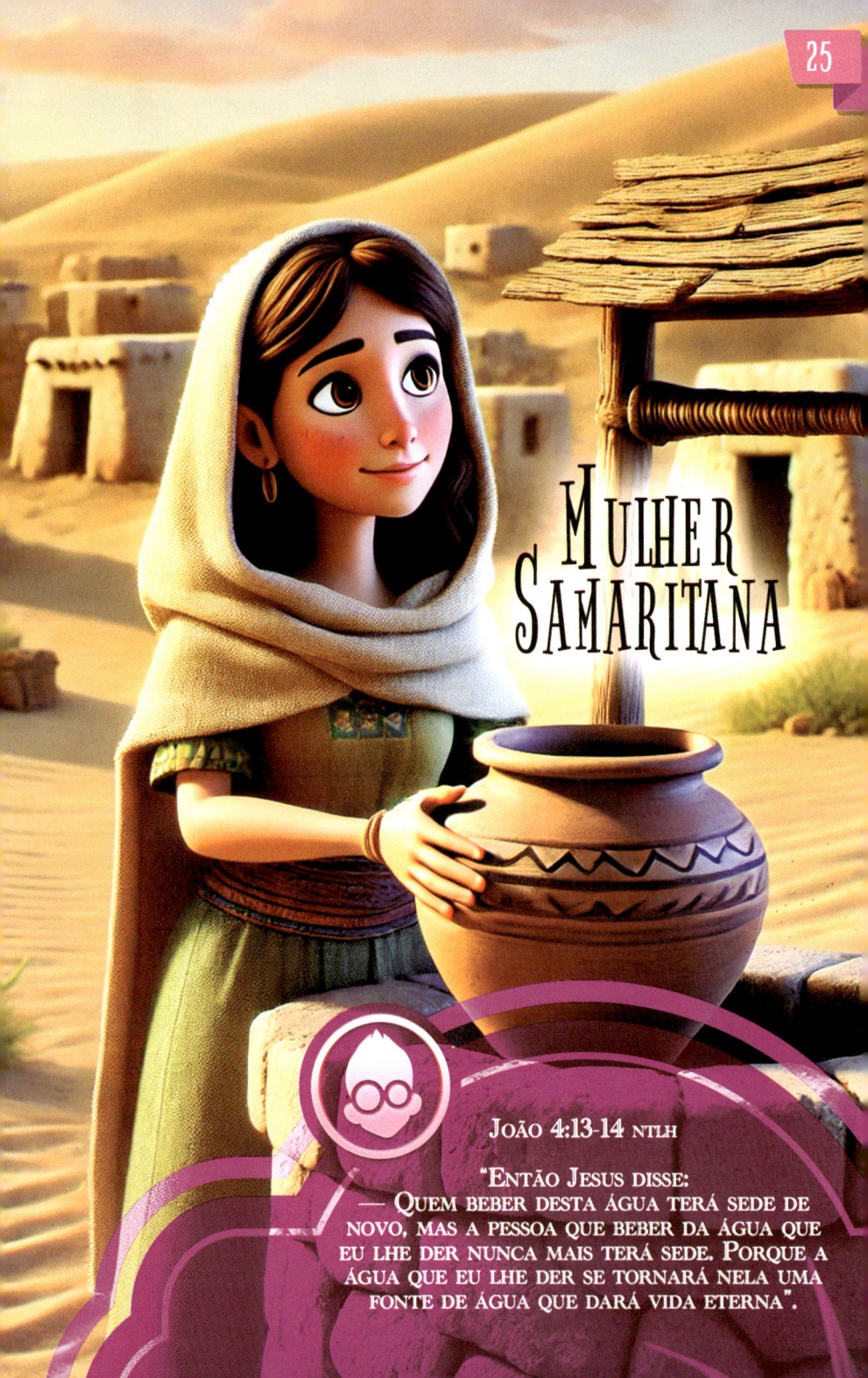

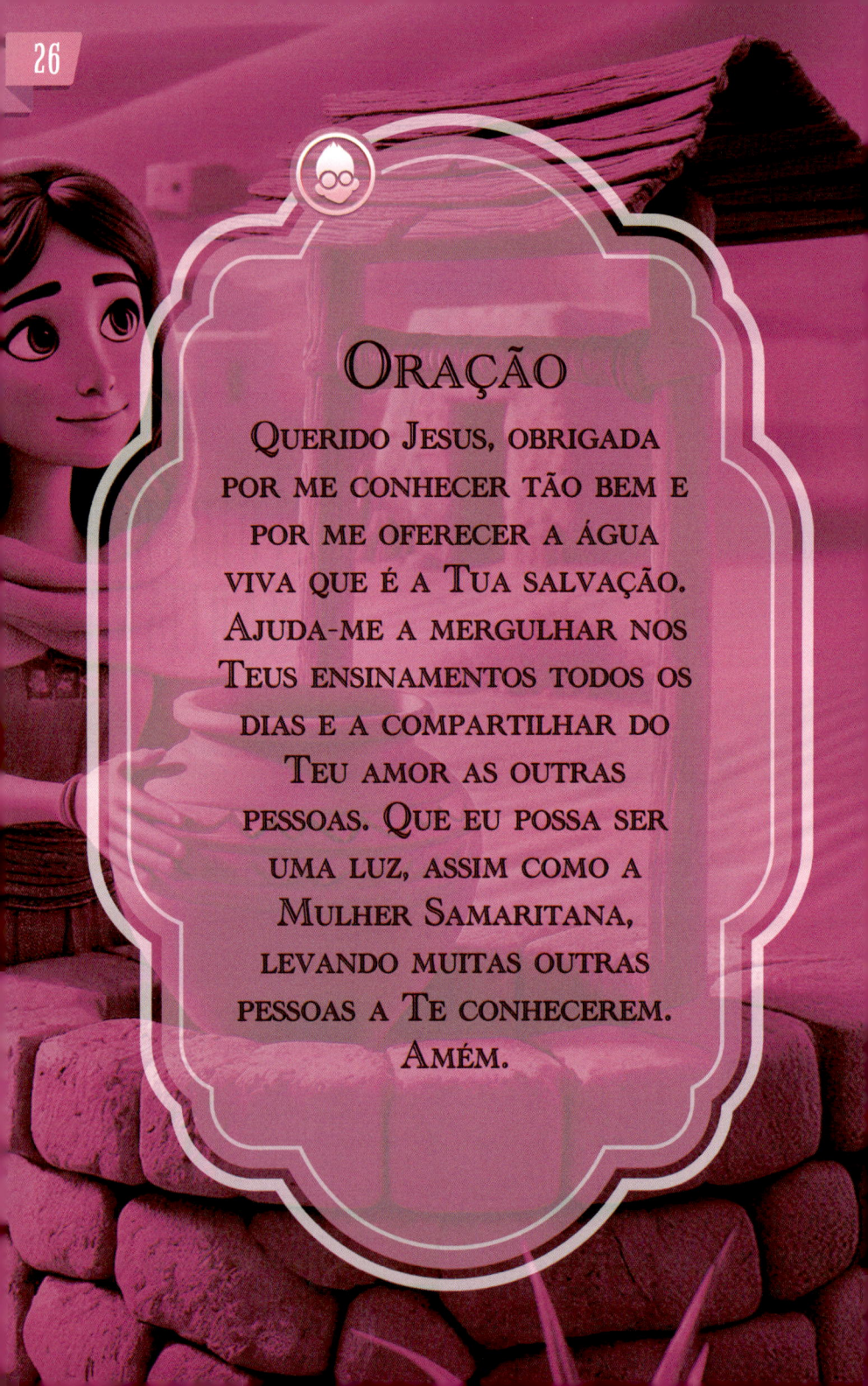

Oração

Querido Jesus, obrigada por me conhecer tão bem e por me oferecer a água viva que é a Tua salvação. Ajuda-me a mergulhar nos Teus ensinamentos todos os dias e a compartilhar do Teu amor as outras pessoas. Que eu possa ser uma luz, assim como a Mulher Samaritana, levando muitas outras pessoas a Te conhecerem. Amém.

Preciosas

04

Viúva

04

Transformou choro em Alegria

Lucas 7:11-17

Preciosas

Oi, meninas preciosas! Hoje vamos conversar sobre algo muito importante: como Deus pode transformar os momentos mais difíceis das nossas vidas em algo lindo e cheio de propósito.

Vamos lembrar da história de uma mulher viúva que enfrentava uma grande tristeza porque seu único filho havia morrido. Sem ele, a vida dela ficaria muito difícil, pois ele era quem a sustentava. Imagine a dor e o desespero dela! Perder alguém que amamos é algo muito doloroso, e para aquela mulher, a situação parecia sem esperança. Mas foi nesse momento que Jesus mostrou o quanto Ele se importa com cada um de nós. Ele olhou para aquela mulher e, com todo o amor, ressuscitou seu filho, trazendo de volta a alegria e a esperança para aquela família.

Agora, pense um pouco: assim como Jesus viu o sofrimento daquela mulher e fez algo maravilhoso por ela, Ele também vê cada momento difícil que você enfrenta. Pode ser que, às vezes, você se sinta triste, sozinha ou até mesmo insegura, mas lembre-se de que Jesus está sempre ao seu lado. Ele conhece todas as suas lutas e está pronto para te ajudar, trazendo paz e força para o seu coração. Quando você passar por momentos difíceis, lembre-se desta história. Assim como Jesus trouxe vida e alegria para aquela mulher viúva, Ele também quer trazer alegria e propósito para a sua vida. Ele te criou de forma única e especial e tem um plano incrível para você, mesmo que, agora, você ainda não consiga ver tudo o que Ele está preparando.

Nunca se esqueça de que, assim como Jesus cuidou daquela mulher, Ele também cuida de você. Ele transforma situações difíceis em oportunidades para você crescer e se tornar uma menina ainda mais forte e corajosa.

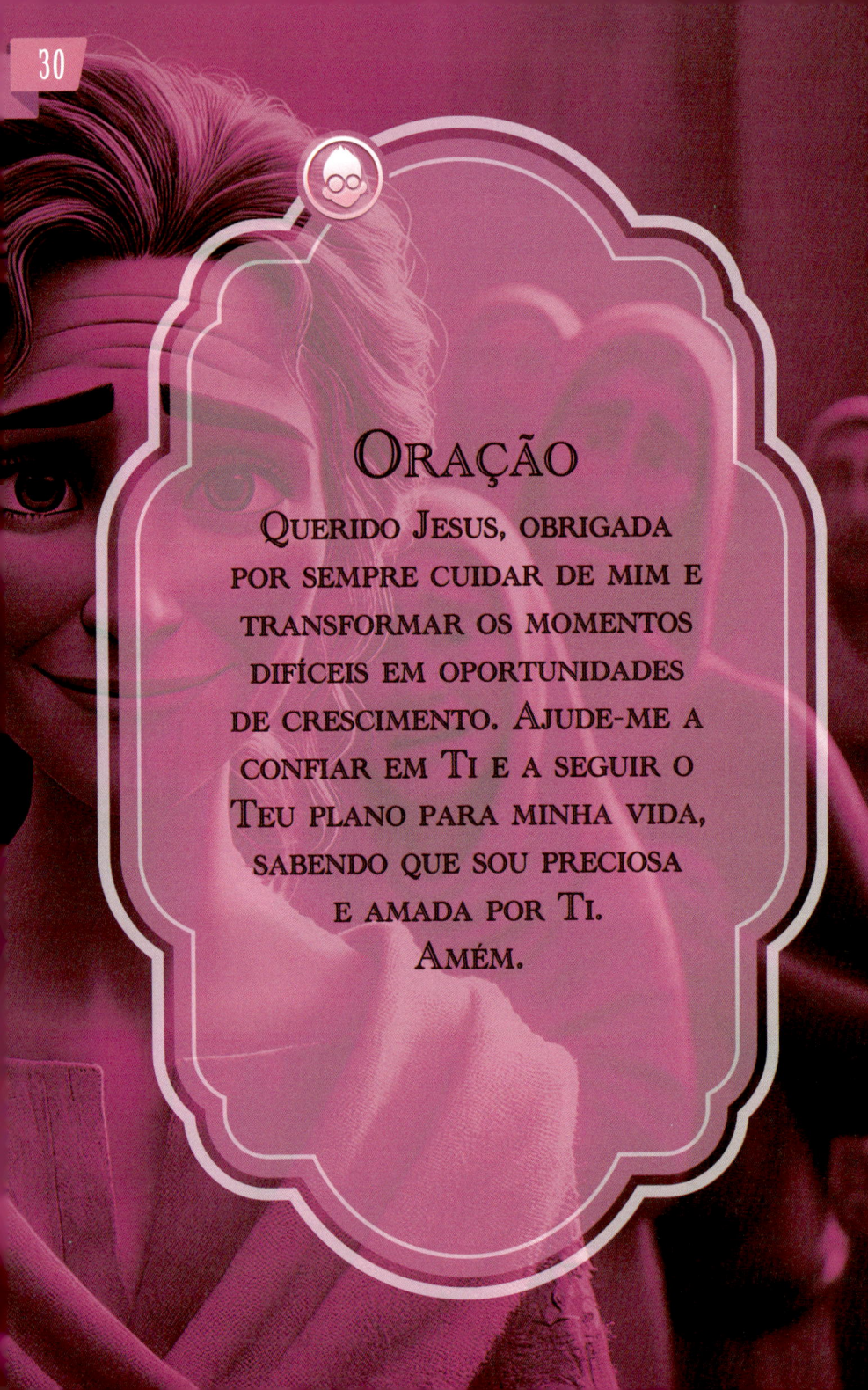

Oração

Querido Jesus, obrigada por sempre cuidar de mim e transformar os momentos difíceis em oportunidades de crescimento. Ajude-me a confiar em Ti e a seguir o Teu plano para minha vida, sabendo que sou preciosa e amada por Ti.
Amém.

Preciosas

05

Joquebede

05

Uma Mãe de Coragem e Fé

Êxodo 2:1-10

Joquebede foi uma mulher extraordinária, uma mãe corajosa que enfrentou um grande perigo para salvar a vida de seu filho. Na época em que ela viveu, o faraó do Egito havia dado uma ordem terrível: todos os bebês meninos hebreus deveriam ser mortos. Mas Joquebede não desistiu de seu filho, Moisés. Com um coração cheio de fé, ela o escondeu por três meses, arriscando sua própria vida para protegê-lo.

Quando não pôde mais escondê-lo, Joquebede tomou uma decisão cheia de coragem. Ela fez um cesto de junco, selou-o com betume e piche para que ficasse à prova d'água, e colocou Moisés dentro dele. Depois, colocou o cesto no rio Nilo, confiando que Deus cuidaria de seu filho. Sua fé foi recompensada. A filha do faraó encontrou Moisés e, tocada por compaixão, decidiu criá-lo como seu próprio filho.

Deus honrou a fé de Joquebede de maneira maravilhosa. Moisés cresceu no palácio do faraó e, mais tarde, tornou-se o grande líder que libertaria o povo de Israel da escravidão. A coragem e a fé de Joquebede nos ensinam que, mesmo em momentos de grande medo e incerteza, podemos confiar que Deus tem um plano perfeito e que Ele sempre cuida de nós e de nossas famílias.

Em meio às dificuldades, lembre-se de que Deus sempre está cuidando de você e de sua família. Quando confiamos em Deus e agimos com fé, Ele faz coisas incríveis em nossas vidas. Não importa quão grande seja o desafio, Deus é maior e sempre estará ao seu lado.

Preciosas

Joquebede

Êxodo 2:3 NTLH

"Como não podia escondê-lo por mais tempo, ela pegou uma cesta de junco, tapou os buracos com betume e piche, pôs nela o menino e deixou a cesta entre os juncos, na beira do rio".

Oração

Senhor Deus, obrigada por sempre cuidar de mim e da minha família. Ajuda-me a ser corajosa como Joquebede e a confiar que o Senhor tem um plano perfeito, mesmo nos momentos mais difíceis. Que minha fé em Ti seja sempre forte e inabalável. Amém.

Preciosas 06 Míriam

06 — A Líder de Louvor e Coragem

Preciosas — Êxodo 2:1–10 // Êxodo 15:20–21

Míriam foi uma figura central na história do povo de Israel, e sua vida nos ensina sobre coragem, liderança e o poder do louvor. Quando Moisés, seu irmão mais novo, foi colocado em um cesto no rio Nilo para escapar da ordem cruel do faraó de matar todos os meninos hebreus, Míriam foi quem vigiou de longe. Ela era apenas uma menina, mas demonstrou grande coragem ao seguir o cesto e garantir que Moisés estivesse seguro. Graças à sua vigilância, Moisés foi encontrado pela filha do faraó e criado no palácio, onde mais tarde se tornaria o libertador de Israel.

Mais tarde, quando Deus abriu o Mar Vermelho para que os israelitas pudessem fugir do Egito, Míriam liderou as mulheres em um grande louvor ao Senhor. Ela pegou um pandeiro e, com muita alegria, cantou e dançou em gratidão a Deus pela salvação de seu povo. Míriam era conhecida por sua liderança e pelo seu papel de profetisa, uma mulher que Deus usava para falar ao Seu povo.

A história de Míriam nos ensina que, independentemente da nossa idade, podemos ser líderes e usar nossos dons para louvar a Deus. Ela foi uma menina valente e uma mulher forte, mostrando que a adoração é uma forma poderosa de expressar nossa gratidão a Deus e encorajar outras pessoas a fazerem o mesmo.

Louvar a Deus é uma maneira de mostrar nossa gratidão e também de fortalecer nossa fé. Não importa a sua idade, você pode ser uma líder e inspirar outros a adorarem a Deus com todo o coração.

Oração

Querido Deus, obrigada por me dar o dom do louvor. Ajuda-me a ser corajosa como Míriam, a liderar com o coração cheio de amor por Ti e a sempre Te louvar, não importa a situação. Que minha vida seja um exemplo de fé e adoração.

Amém.

Preciosas

07

Menina Serva

07 A Menina que Mudou a Vida de Naamã

2 Reis 5:1-19

Hoje quero contar a história de uma menina muito especial. Ela era uma jovem escrava, e seu nome nem é mencionado na Bíblia, mas sua fé e coragem foram tão grandes que ela mudou a vida de um poderoso general chamado Naamã.

Naamã era um homem respeitado e poderoso, um grande general do exército sírio. Mas ele tinha um problema muito sério: sofria de uma doença terrível chamada lepra, que deixava seu corpo cheio de feridas. Apesar de todo o poder e riqueza, Naamã não conhecia a Deus e não sabia o que fazer para se curar.

Agora imagine só: essa menina foi tirada à força de sua casa e de sua família e levada para um lugar estranho onde ela não conhecia ninguém. Ela tinha todos os motivos para guardar ressentimento e ficar triste, mas ela era uma menina de Deus, com um coração bondoso e cheio de fé. Mesmo em meio à sua situação difícil, ela escolheu ajudar.

Essa menina soube da doença de Naamã e, em vez de ficar quieta, decidiu falar. Ela disse para a esposa de Naamã: "Se o meu senhor procurar o profeta de Deus em Israel, ele será curado." Aquela simples frase, dita com tanta fé, foi o começo de uma grande mudança. Naamã ouviu o conselho da menina, foi até o profeta Eliseu e, por meio de um milagre de Deus, foi completamente curado.

O mais incrível é que, por causa da fé e da coragem dessa menina, Naamã passou a acreditar em Deus. Ela, que parecia tão pequena e insignificante, foi usada por Deus para transformar a vida de uma família inteira.

Mesmo nas situações mais difíceis, Deus pode usar você para fazer grandes coisas. Nunca subestime o poder da fé e da bondade.

Menina Serva

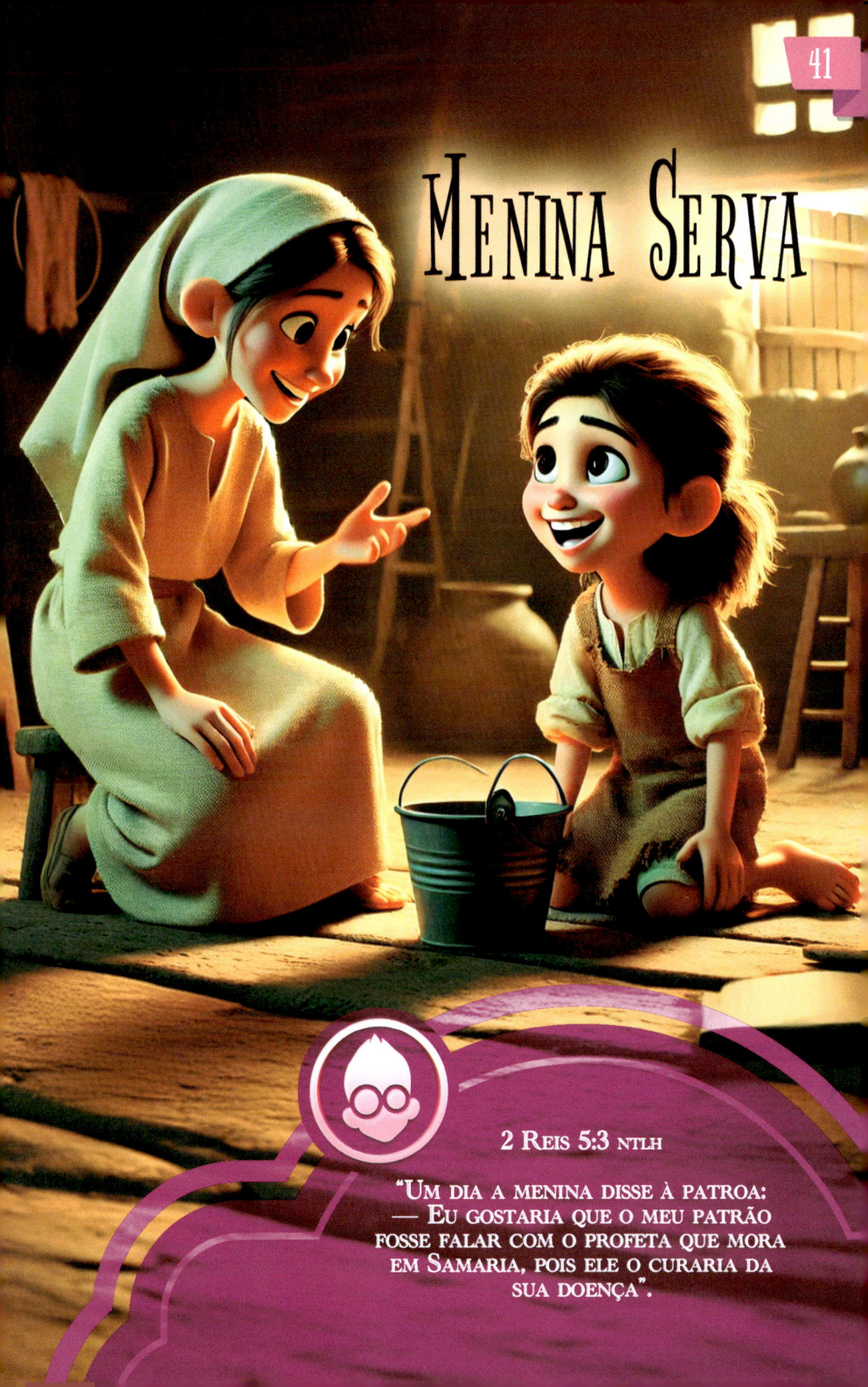

2 Reis 5:3 NTLH

"Um dia a menina disse à patroa: — Eu gostaria que o meu patrão fosse falar com o profeta que mora em Samaria, pois ele o curaria da sua doença".

Oração

Querido Deus, ajuda-me a ter um coração cheio de fé e bondade como essa menina. Mesmo quando as coisas parecem difíceis, que eu possa confiar em Ti e ser uma luz na vida das pessoas ao meu redor. Usa-me para fazer a diferença, assim como fizeste com ela.

Amém.

Preciosas

08

Débora

08

Uma Mulher de Coragem e Sabedoria

Juízes 4-5

Débora era uma líder incomum em seu tempo. Ela era juíza e profetisa em Israel, e o povo vinha a ela em busca de conselhos e julgamentos. Débora era uma mulher sábia e corajosa, e quando o povo de Israel enfrentou a ameaça dos cananeus, ela não hesitou em confiar em Deus e liderar seu povo à vitória.

Deus disse a Débora que era hora de libertar Israel da opressão, e ela chamou Baraque para liderar o exército. Quando Baraque hesitou, pedindo que Débora fosse com ele, ela concordou, mostrando sua coragem e fé. Juntos, com a ajuda de Deus, eles derrotaram os inimigos de Israel.

A história de Débora nos ensina que Deus pode usar meninas e mulheres para fazer grandes coisas. Com fé, coragem e sabedoria, podemos ser líderes fortes que ajudam a trazer a vitória de Deus para o Seu povo.

Com Deus ao seu lado, você pode ser uma líder corajosa e sábia. Ele te dá a força e a sabedoria necessárias para enfrentar qualquer desafio.

Preciosas

45

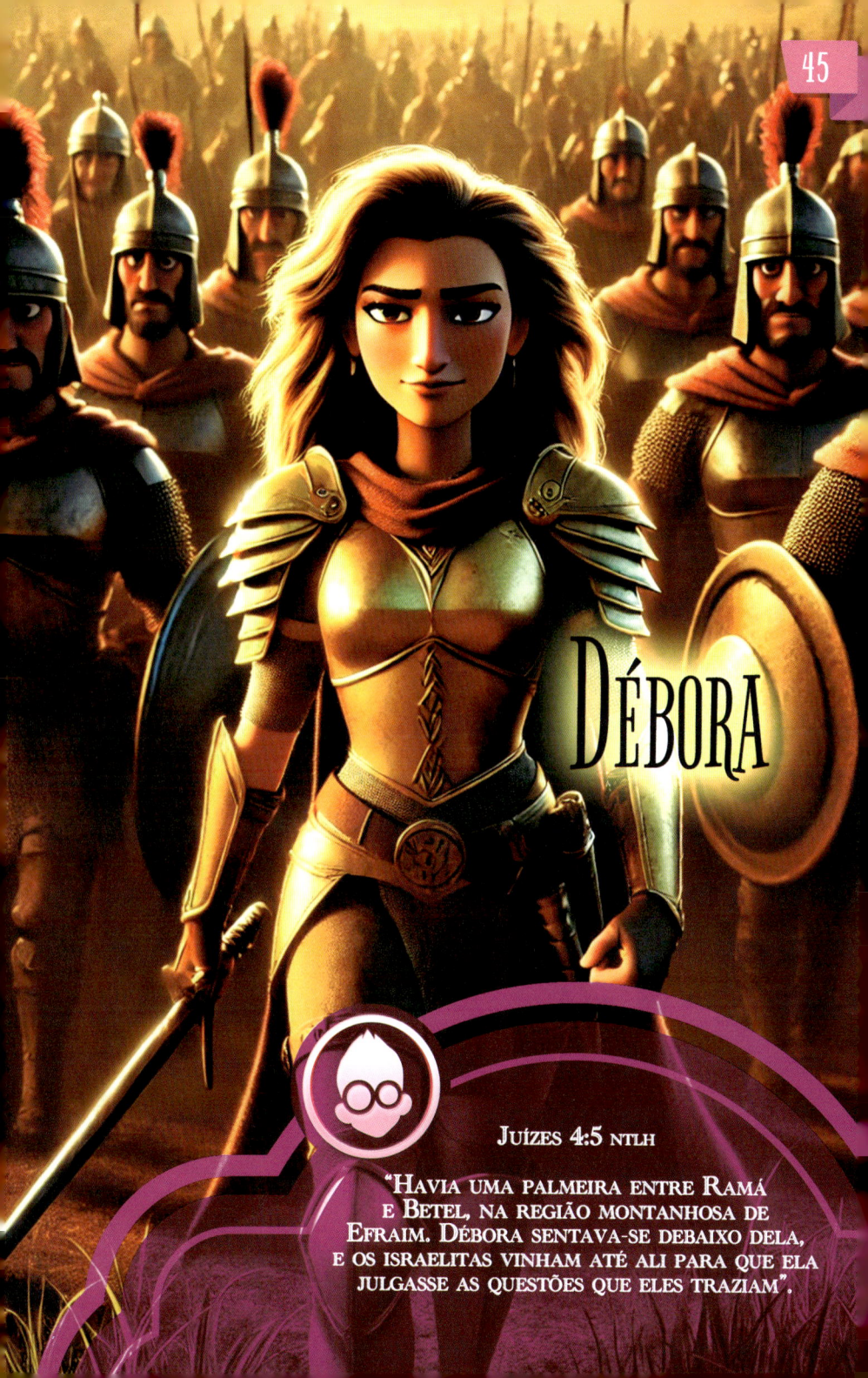

DÉBORA

Juízes 4:5 NTLH

"Havia uma palmeira entre Ramá e Betel, na região montanhosa de Efraim. Débora sentava-se debaixo dela, e os israelitas vinham até ali para que ela julgasse as questões que eles traziam".

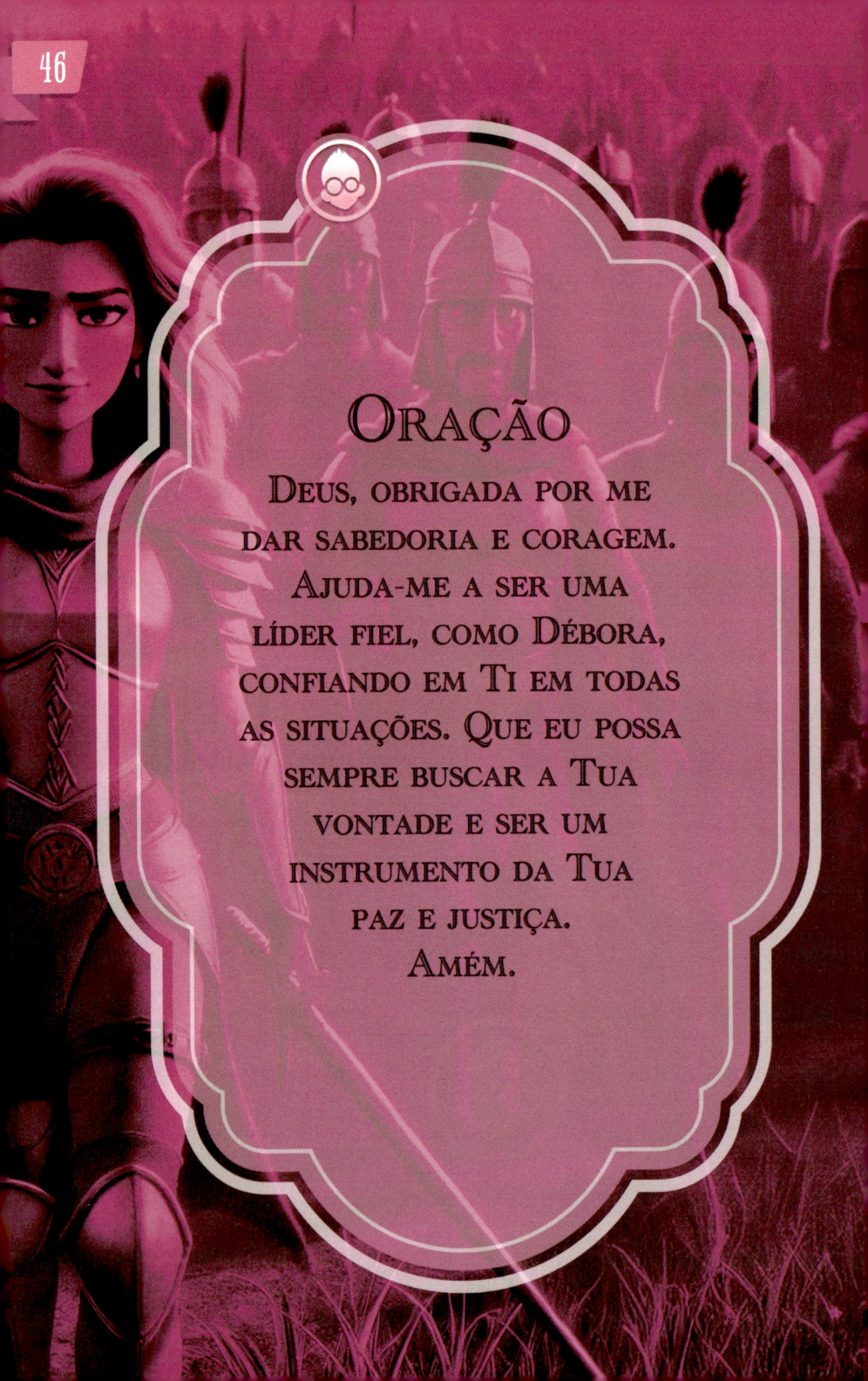

Oração

Deus, obrigada por me dar sabedoria e coragem. Ajuda-me a ser uma líder fiel, como Débora, confiando em Ti em todas as situações. Que eu possa sempre buscar a Tua vontade e ser um instrumento da Tua paz e justiça.
Amém.

Preciosas

09

Noemi

A Mulher de Fidelidade e Amor

Noemi enfrentou desafios profundos em sua vida. Após perder seu marido e dois filhos, ela se viu sozinha com suas noras, Rute e Orfa. Em meio à tristeza e incerteza, Noemi mostrou um exemplo tocante de amor e fidelidade. Apesar de seu próprio sofrimento, ela pensou primeiro no bem-estar de suas noras, incentivando-as a voltarem para suas famílias, onde poderiam encontrar segurança e esperança para o futuro. Orfa, embora relutante, decidiu partir, mas Rute, demonstrando uma lealdade inabalável, escolheu permanecer ao lado de Noemi.

Juntas, Noemi e Rute retornaram para Belém, a terra natal de Noemi. Foi lá que Deus, em Sua misericórdia, começou a restaurar a vida delas. O sustento veio por meio do trabalho de Rute, e com o tempo, uma nova família surgiu, trazendo esperança e renovação. A história de Noemi nos ensina que, mesmo em meio às maiores adversidades, o amor e a fidelidade são poderosos. E mais ainda, ela nos lembra que Deus sempre tem um plano para nos restaurar e nos dar um futuro de esperança.

A lealdade e o amor são valores que nunca devem ser subestimados. Mesmo quando enfrentamos tempos difíceis, podemos confiar que Deus está trabalhando para restaurar nossa alegria e nos dar um futuro cheio de bênçãos.

Noemi

49

Rute 1.16b ntlh

"Onde a senhora for, eu irei; e onde morar, eu também morarei. O seu povo será o meu povo, e o seu Deus será o meu Deus".

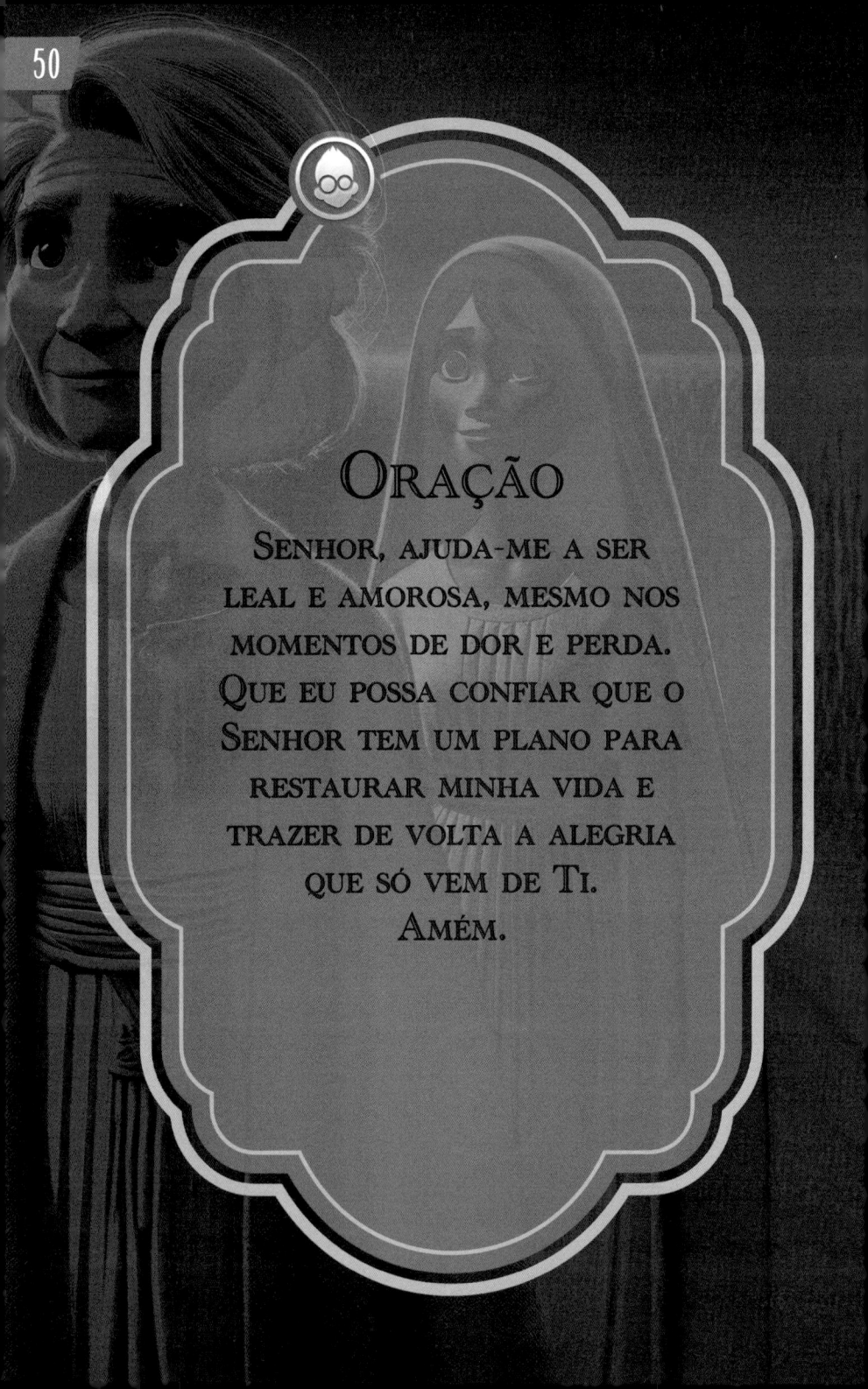

Oração

Senhor, ajuda-me a ser leal e amorosa, mesmo nos momentos de dor e perda. Que eu possa confiar que o Senhor tem um plano para restaurar minha vida e trazer de volta a alegria que só vem de Ti. Amém.

Preciosas 10

Rute

51

10

A Mulher de Fidelidade e Fé

Rute era uma mulher de Moabe que enfrentou muitas dificuldades. Quando seu marido, o filho de Noemi, morreu, Rute tomou a difícil decisão de permanecer com sua sogra, em vez de retornar para sua própria família. Esta decisão não foi fácil, mas Rute demonstrou uma fé e uma fidelidade impressionantes ao escolher cuidar de Noemi e seguir com ela para Belém.

Ao chegarem em Belém, Rute mostrou coragem ao trabalhar nos campos para sustentar a si mesma e a Noemi. Sua dedicação e lealdade não passaram despercebidas, e Deus abençoou Rute de uma maneira maravilhosa. Ela acabou se casando com Boaz, um homem justo e bondoso, e se tornou bisavó do rei Davi, entrando na linhagem de Jesus.

A vida de Rute nos ensina que a fidelidade a Deus e às pessoas que amamos é recompensada. Deus vê nossa dedicação e nos abençoa de maneiras que jamais poderíamos imaginar, mesmo nas situações mais desafiadoras.

Quando você é fiel a Deus e às pessoas em sua vida, Deus derrama as bênçãos Dele sobre você e te dá um futuro cheio de esperança e alegria.

Rute 1-4

Preciosas

Rute

Rute 2:12 ntlh

"Que o SENHOR a recompense por tudo o que você fez. Que o SENHOR, o Deus de Israel, cuja proteção você veio procurar, lhe dê uma grande recompensa".

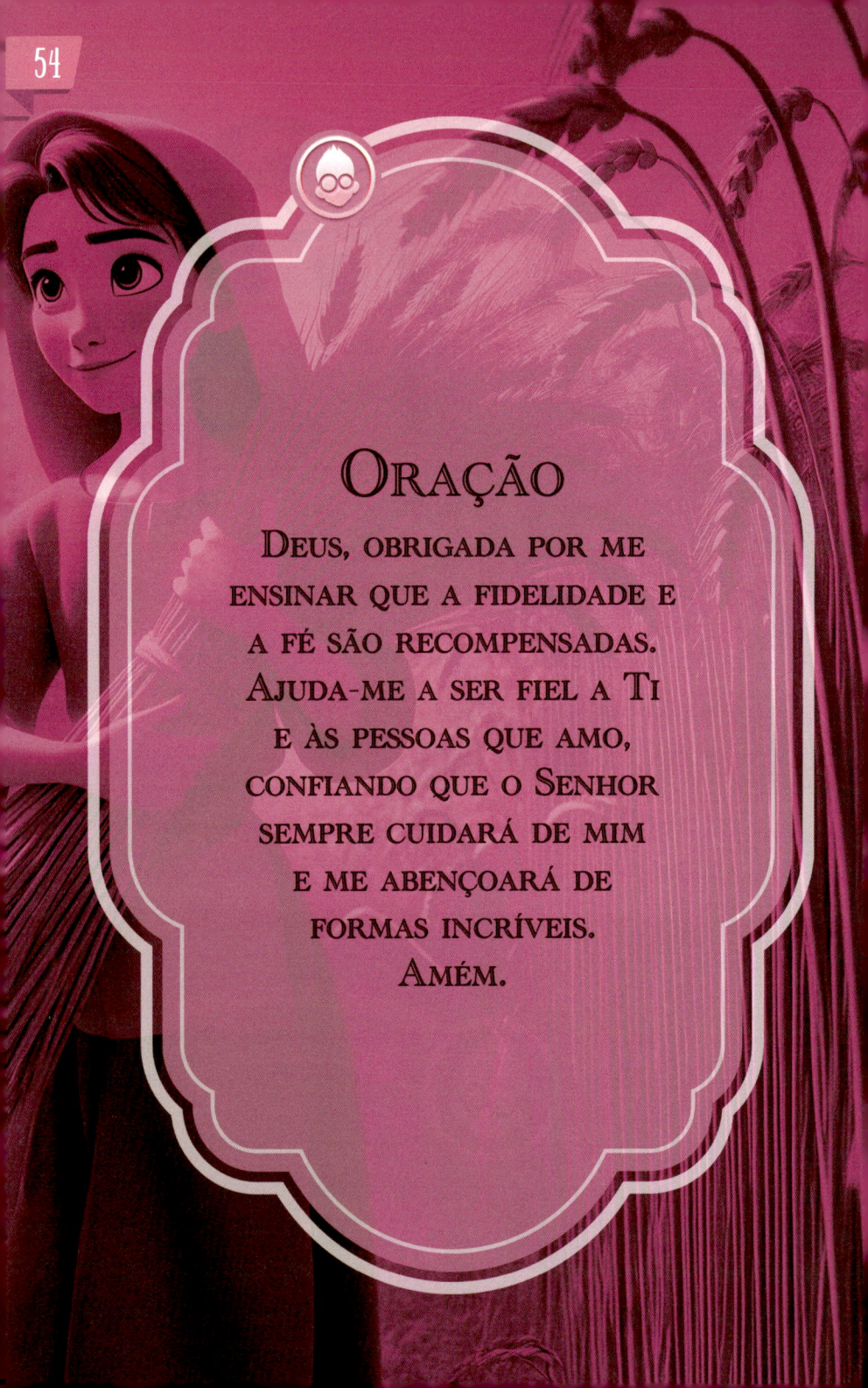

Oração

Deus, obrigada por me ensinar que a fidelidade e a fé são recompensadas. Ajuda-me a ser fiel a Ti e às pessoas que amo, confiando que o Senhor sempre cuidará de mim e me abençoará de formas incríveis.
Amém.

Preciosas

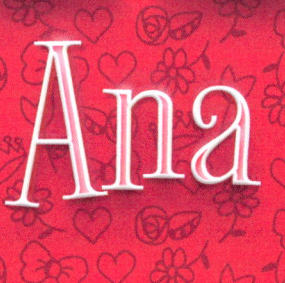

11

Ana

11 — A Mulher que Realizou seu Sonho pela Oração

1 Samuel 1-2

Preciosas

Ana tinha um desejo muito especial em seu coração: ser mãe. Mais do que qualquer outra coisa, esse era o sonho que ela guardava com carinho. Mas, por muitos anos, esse sonho parecia impossível. Ana enfrentava a tristeza de não conseguir ter filhos, e essa dor era tão profunda que fazia seu coração doer.

Mesmo assim, Ana não desistiu. Com fé e perseverança, ela ia ao templo todos os anos e orava a Deus com todo o seu coração. Ana falava com Deus sobre seus sentimentos, sua tristeza e seu desejo de ser mãe. Ela acreditava que Deus podia ouvir e responder suas orações.

Em um desses momentos de oração, Ana fez uma promessa importante: se Deus lhe desse um filho, ela o dedicaria a Ele por toda a vida. Ana orou com sinceridade e confiança, e Deus ouviu suas orações. Ele abençoou Ana com um lindo filho, a quem ela chamou de Samuel.

Fiel à sua promessa, Ana levou Samuel ao templo quando ele ainda era pequeno, para servir a Deus. Samuel cresceu amando e seguindo a Deus e se tornou um grande profeta, sendo usado de maneira poderosa para guiar o povo de Israel.

A história de Ana nos ensina o poder da oração e da confiança em Deus. Mesmo quando as coisas parecem difíceis ou impossíveis, Deus escuta cada palavra e responde no tempo certo, de acordo com Seu plano perfeito.

Nunca subestime o poder da oração. Deus ouve cada palavra e responde no momento certo. Continue orando e confiando em Seu amor e cuidado.

Ana

1 Samuel 1:10-11a NTLH

"Aí Ana se levantou aflita e, chorando muito, orou a Deus, o SENHOR. E fez esta promessa solene: — Ó SENHOR Todo-Poderoso, olha para mim, tua serva! Vê a minha aflição e lembra de mim! Não esqueças a tua serva!"

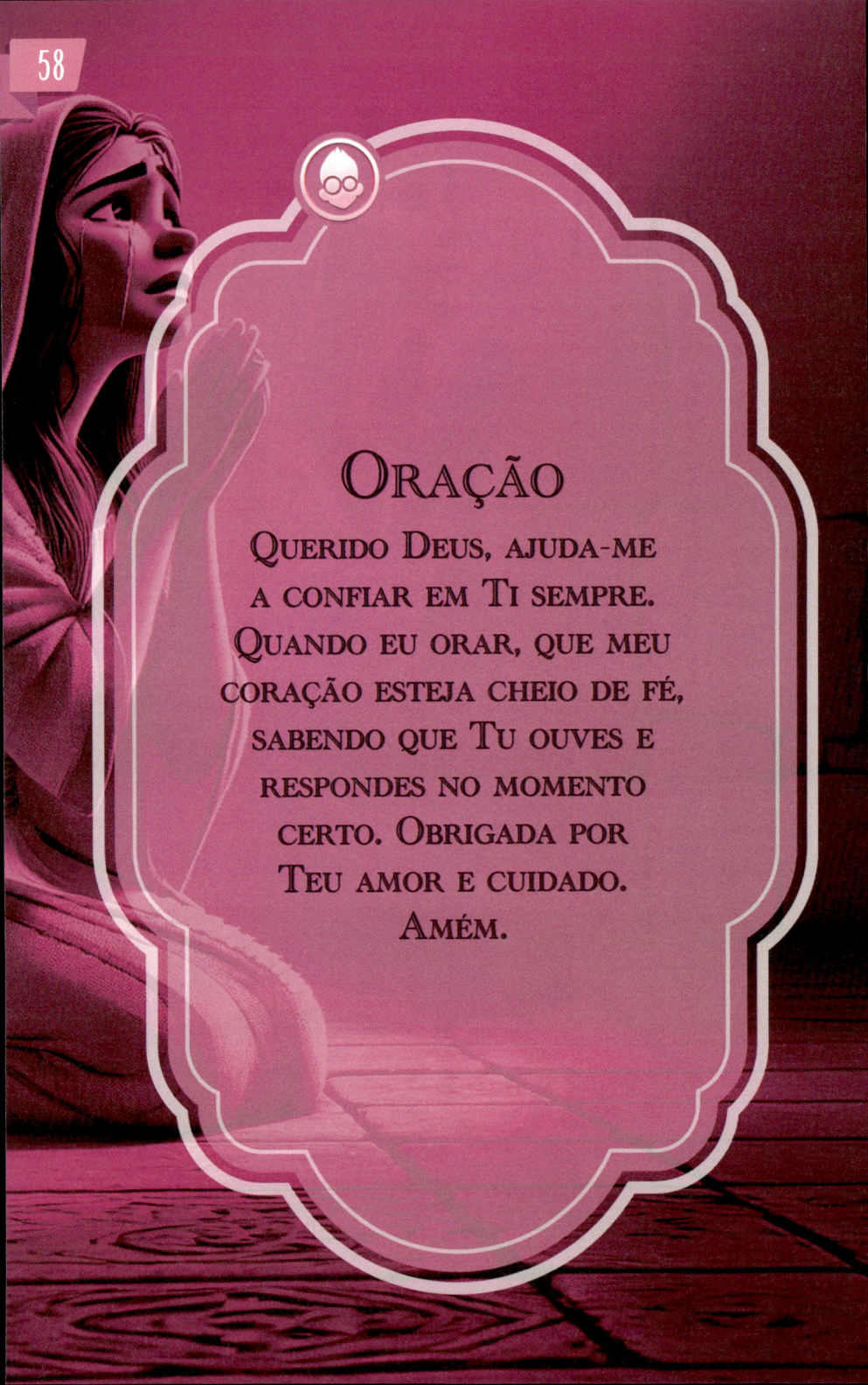

Oração

Querido Deus, ajuda-me a confiar em Ti sempre. Quando eu orar, que meu coração esteja cheio de fé, sabendo que Tu ouves e respondes no momento certo. Obrigada por Teu amor e cuidado. Amém.

Preciosas 12

Abigail

A Mulher de Sabedoria e Paz

Abigail era esposa de Nabal, um homem conhecido por sua rudeza e egoísmo. Quando Davi, que mais tarde se tornaria rei de Israel, e seus homens precisaram de ajuda, Nabal os tratou com desprezo e grosseria, recusando-se a oferecer qualquer tipo de suporte. A reação de Davi foi imediata e impulsiva: ele planejou se vingar, disposto a derramar sangue por causa da injustiça sofrida. No entanto, Abigail, com sua sabedoria e discernimento, percebeu o perigo iminente.

Abigail rapidamente juntou alguns presentes e foi encontrar Davi. Em vez de confrontá-lo com palavras duras, ela fez um pedido sincero de paz. Com humildade, Abigail lembrou Davi da promessa que Deus fez para a vida dele e o aconselhou a não se manchar com sangue desnecessário. Sua atitude corajosa e sensata ajudou Davi a evitar um grande erro. Mais tarde, quando Nabal faleceu, Davi reconheceu a virtude de Abigail e a fez sua esposa.

A história de Abigail nos ensina que a sabedoria e a humildade têm o poder de transformar até as situações mais difíceis. Ela nos mostra que, em momentos de tensão e conflito, é possível trazer paz e solução através de uma atitude sábia e serena.

Use a sabedoria que Deus lhe dá para promover a paz e resolver conflitos. Uma atitude humilde e sensata pode transformar qualquer situação e evitar decisões precipitadas.

ABIGAIL

1 Samuel 25:32 ntlh

"Louvado seja o SENHOR, o Deus de Israel, que mandou você hoje para me encontrar!"

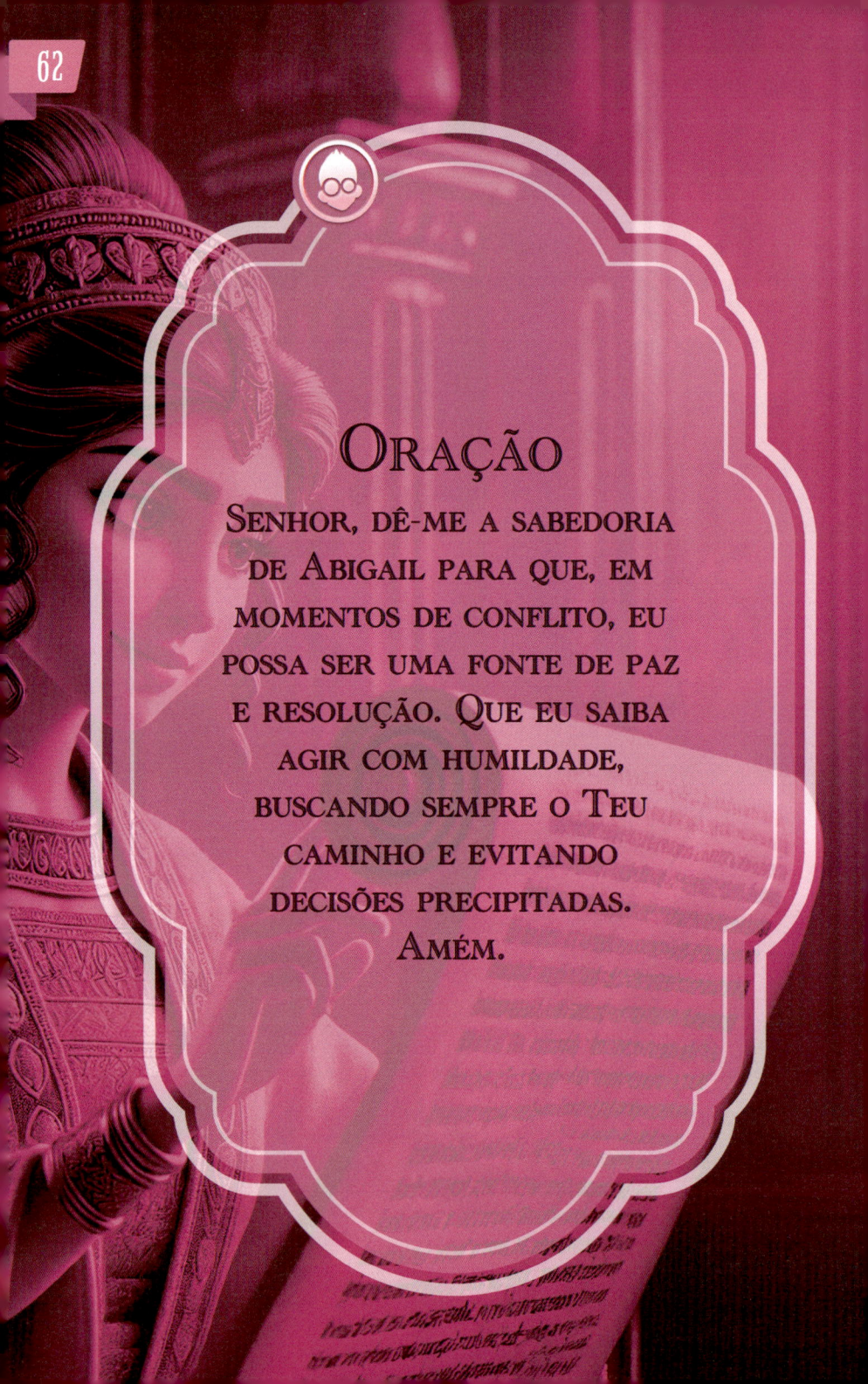

Oração

Senhor, dê-me a sabedoria de Abigail para que, em momentos de conflito, eu possa ser uma fonte de paz e resolução. Que eu saiba agir com humildade, buscando sempre o Teu caminho e evitando decisões precipitadas. Amém.

Preciosas 13

Amor de Mãe

13

O Amor Que Mostra a Verdadeira Sabedoria

1 Reis 3:16-28

Um dia, o rei Salomão teve que resolver um problema muito complicado. Duas mães vieram até ele, cada uma dizendo que o mesmo bebê era seu filho. As duas mulheres estavam muito tristes e desesperadas, e ninguém sabia quem estava falando a verdade. Então, Salomão, com a sabedoria que Deus lhe deu, pensou em uma maneira de descobrir quem era a verdadeira mãe. Ele sugeriu algo que parecia muito assustador: dividir o bebê ao meio e dar uma parte para cada mulher.

Mas, antes que alguém pudesse fazer isso, uma das mães gritou: "Não, por favor, dê o bebê para ela! Eu prefiro vê-lo vivo e com outra pessoa do que machucado." Essa mãe amava tanto o seu filho que estava disposta a deixá-lo com outra pessoa só para que ele ficasse seguro.

Salomão, com sua grande sabedoria, percebeu que essa mulher era a verdadeira mãe. Só uma mãe de verdade faria um sacrifício tão grande por amor ao seu filho. Então, ele devolveu o bebê à sua verdadeira mãe, mostrando a todos que o amor verdadeiro sempre se revela.

Quando você se encontrar em uma situação difícil, lembre-se de que o amor e o sacrifício podem mostrar o que é certo. Peça a Deus para te ajudar a tomar as melhores decisões, e Ele estará sempre com você, guiando cada passo.

Preciosas

Amor de Mãe

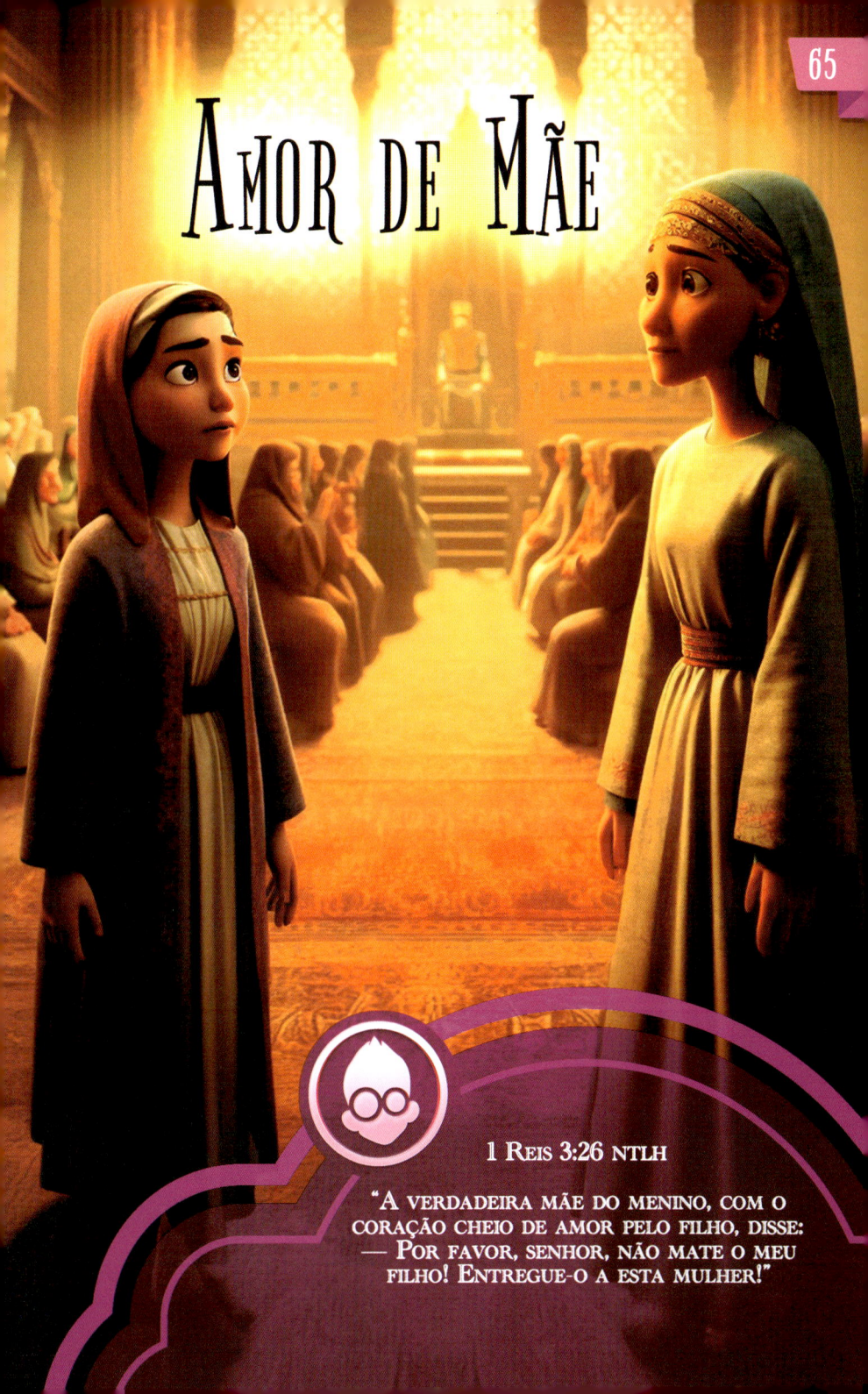

1 Reis 3:26 NTLH

"A verdadeira mãe do menino, com o coração cheio de amor pelo filho, disse: — Por favor, senhor, não mate o meu filho! Entregue-o a esta mulher!"

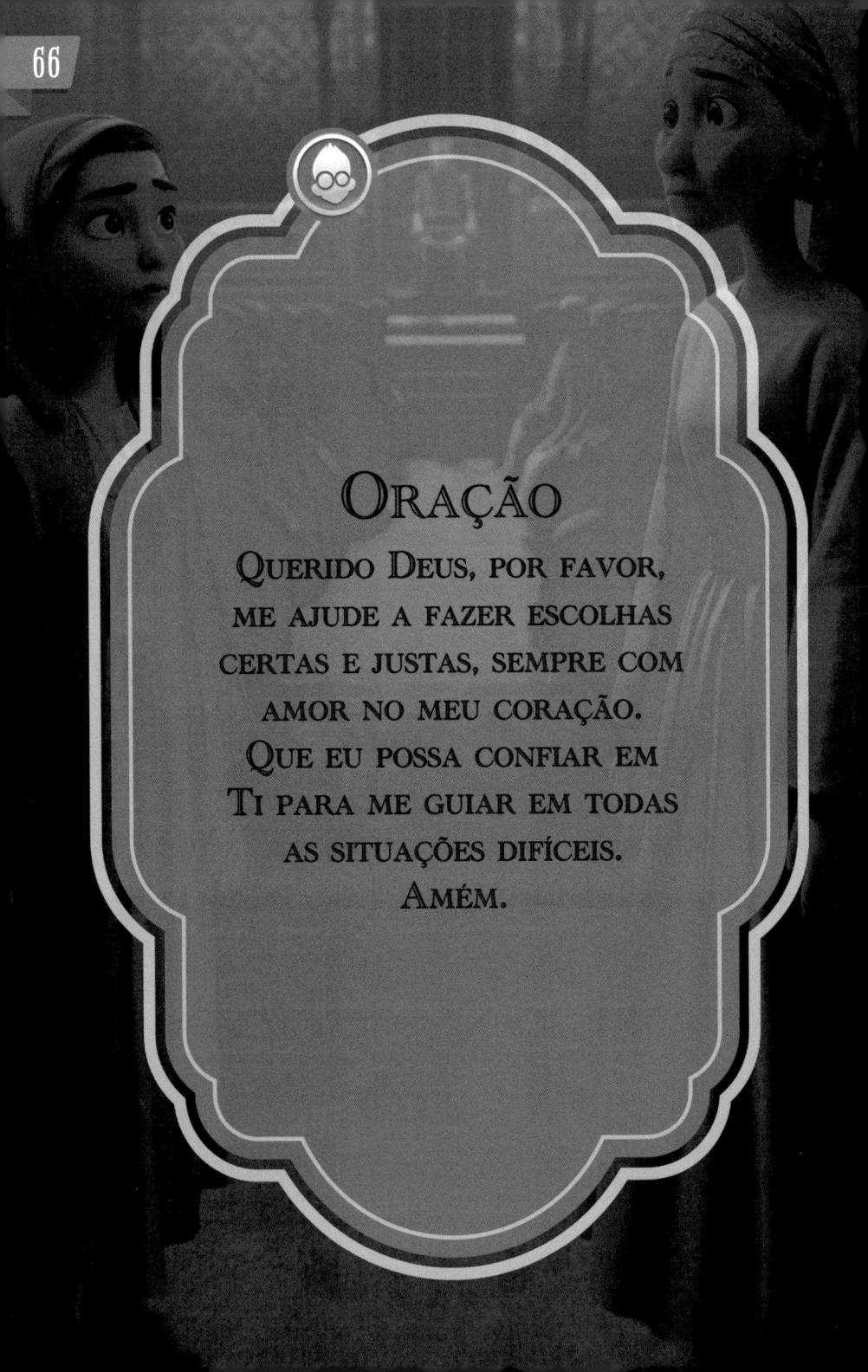

Oração

Querido Deus, por favor, me ajude a fazer escolhas certas e justas, sempre com amor no meu coração. Que eu possa confiar em Ti para me guiar em todas as situações difíceis.
Amém.

Preciosas 14

Ester

14 — A Mulher Corajosa que Salvou Seu Povo

Ester 1-10

Preciosas

Ester era uma jovem judia que foi escolhida para ser a rainha da Pérsia, um grande reino onde seu povo corria um enorme perigo. Um homem muito malvado chamado Hamã, que era conselheiro do rei, tinha um plano terrível: ele queria destruir todos os judeus que viviam no reino. Ester sabia que isso era algo muito sério, mas também sabia que Deus a havia colocado naquela posição de rainha por um motivo especial.

Mesmo sentindo medo e incerteza, Ester decidiu confiar em Deus e agir. Ela revelou ao rei que era judia e pediu que ele salvasse seu povo. Para isso, Ester arriscou sua própria vida, pois sabia que o rei poderia não gostar do que ela estava fazendo. Mas Deus estava com Ester, e, graças à sua coragem, o rei descobriu a maldade de Hamã e cancelou o decreto que destruiria os judeus. Por causa disso, Ester se tornou uma heroína para o seu povo.

A história de Ester nos ensina que Deus nos coloca em certos lugares e situações por um motivo muito especial. Mesmo quando enfrentamos grandes desafios, podemos confiar que Ele está no controle e que somos chamados para cumprir um papel importante.

Deus pode te usar para fazer a diferença na vida de outras pessoas. Seja corajosa e confie Nele, mesmo quando os desafios parecerem muito grandes.

ESTER

69

ESTER 4:14B NTLH

"Mas quem sabe? Talvez você tenha sido feita rainha justamente para ajudar numa situação como esta!"

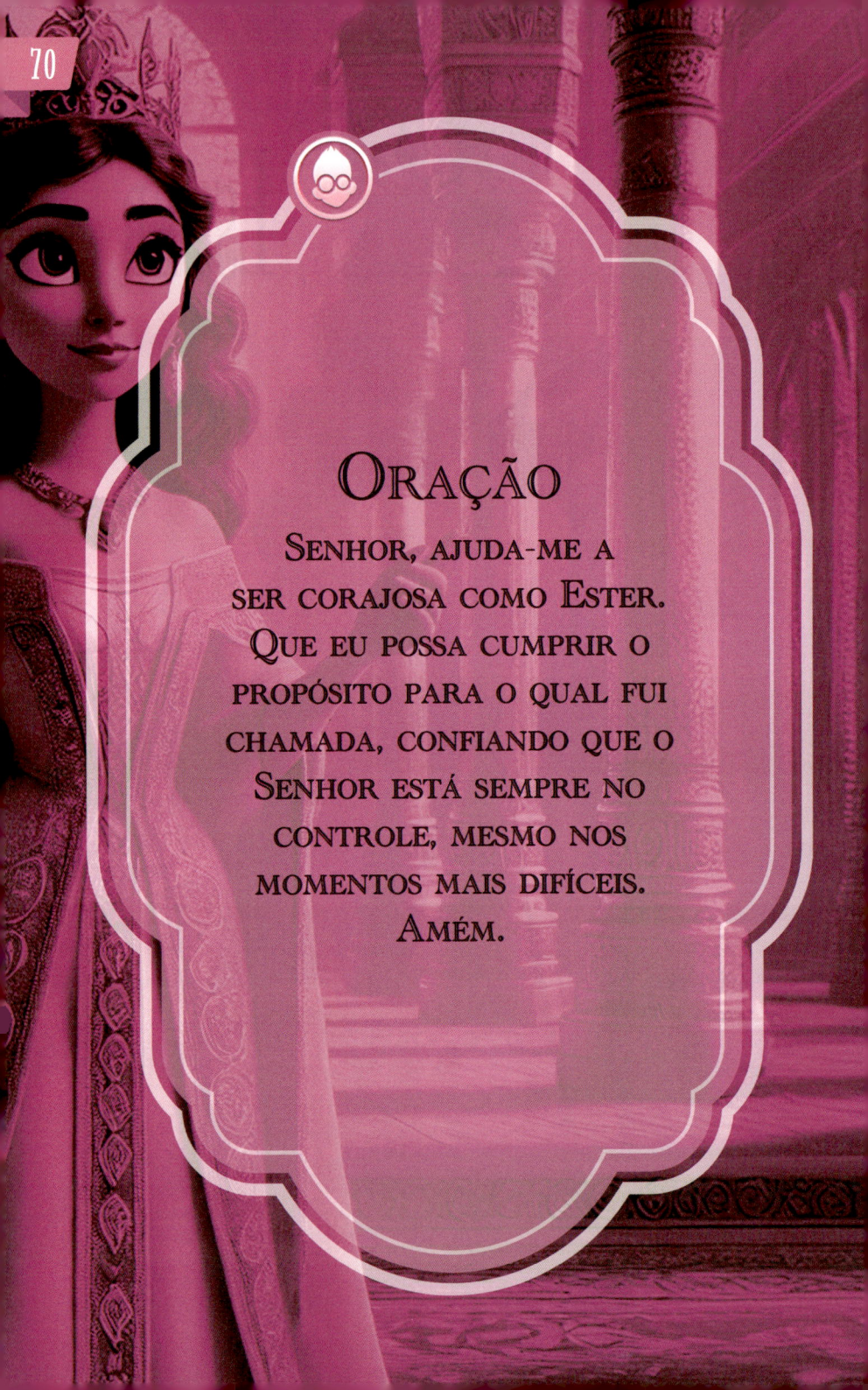

Oração

Senhor, ajuda-me a ser corajosa como Ester. Que eu possa cumprir o propósito para o qual fui chamada, confiando que o Senhor está sempre no controle, mesmo nos momentos mais difíceis. Amém.

PRECIOSAS 15 MARIA

15 — A Mulher Escolhida para um Grande Propósito

**Mateus 1:18-25 // Lucas 1:26-38
Lucas 2:1-52**

Preciosas

Maria era uma mulher comum, vivendo sua vida de forma simples, mas com um coração cheio de fé e humildade. Um dia, algo incrível aconteceu: o anjo Gabriel apareceu a ela com uma mensagem que mudaria sua vida para sempre. Deus a havia escolhido para ser a mãe de Jesus, o Filho de Deus. Mesmo diante de uma missão tão grandiosa e cheia de desafios, Maria aceitou com coragem, dizendo: "Eu sou uma serva de Deus; que aconteça comigo o que o Senhor acabou de me dizer!"

Maria não sabia tudo o que o futuro traria, mas ela confiou no plano de Deus. Desde o nascimento de Jesus em Belém até vê-lo crescer, ensinar e ser crucificado, Maria sempre esteve ao lado de seu Filho, apoiando-O e seguindo os propósitos de Deus para sua vida.

A vida de Maria nos ensina uma lição muito importante: confiar em Deus, mesmo quando não entendemos tudo. Quando Deus nos chama para algo especial, devemos responder com fé e obediência, sabendo que Ele tem um plano maravilhoso para cada uma de nós.

Deus tem um plano único e especial para você. Quando Ele te chamar para algo grande, confie e siga com fé, mesmo que o caminho pareça difícil. Deus estará com você em cada passo.

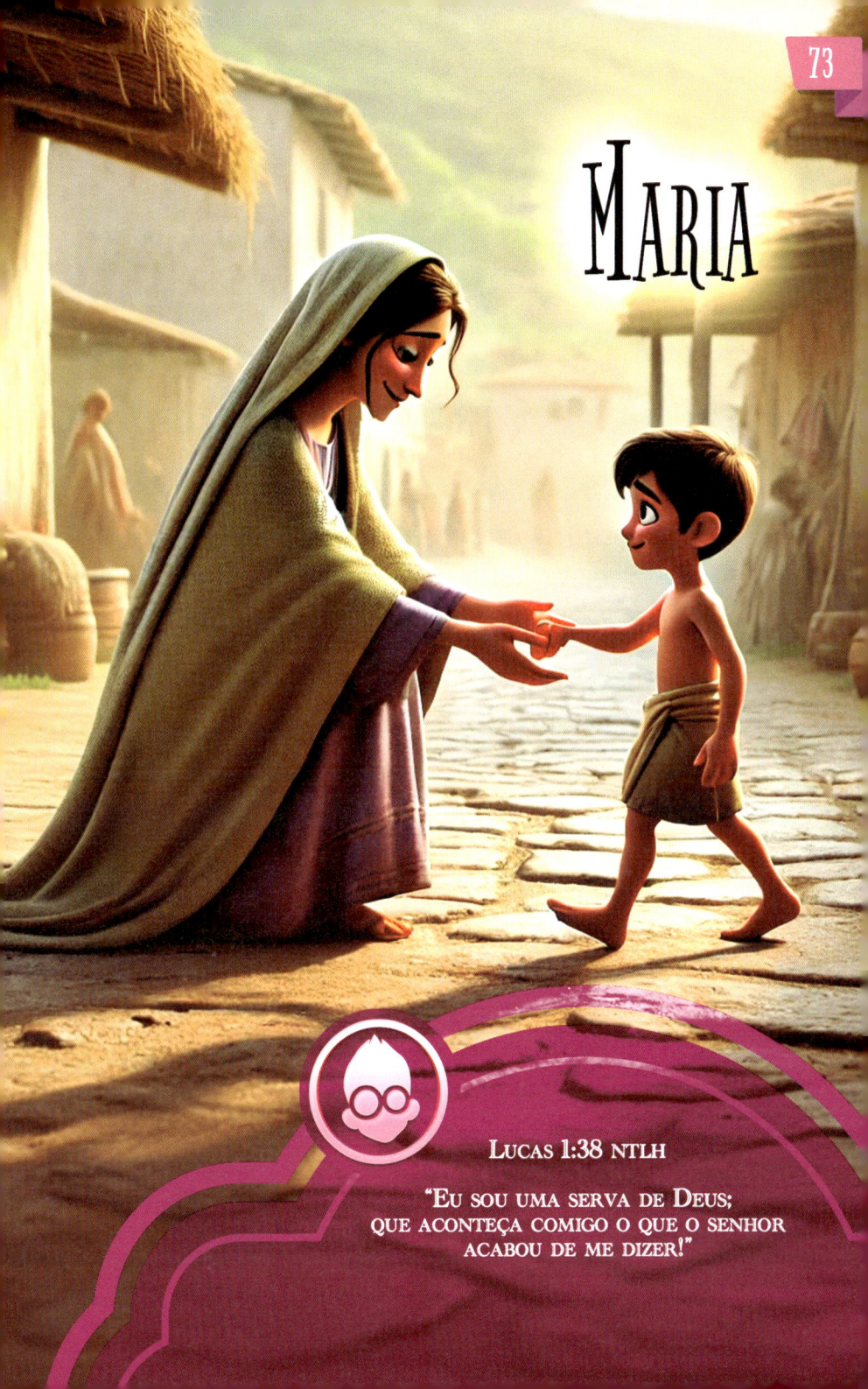

Maria

Lucas 1:38 NTLH

"Eu sou uma serva de Deus; que aconteça comigo o que o Senhor acabou de me dizer!"

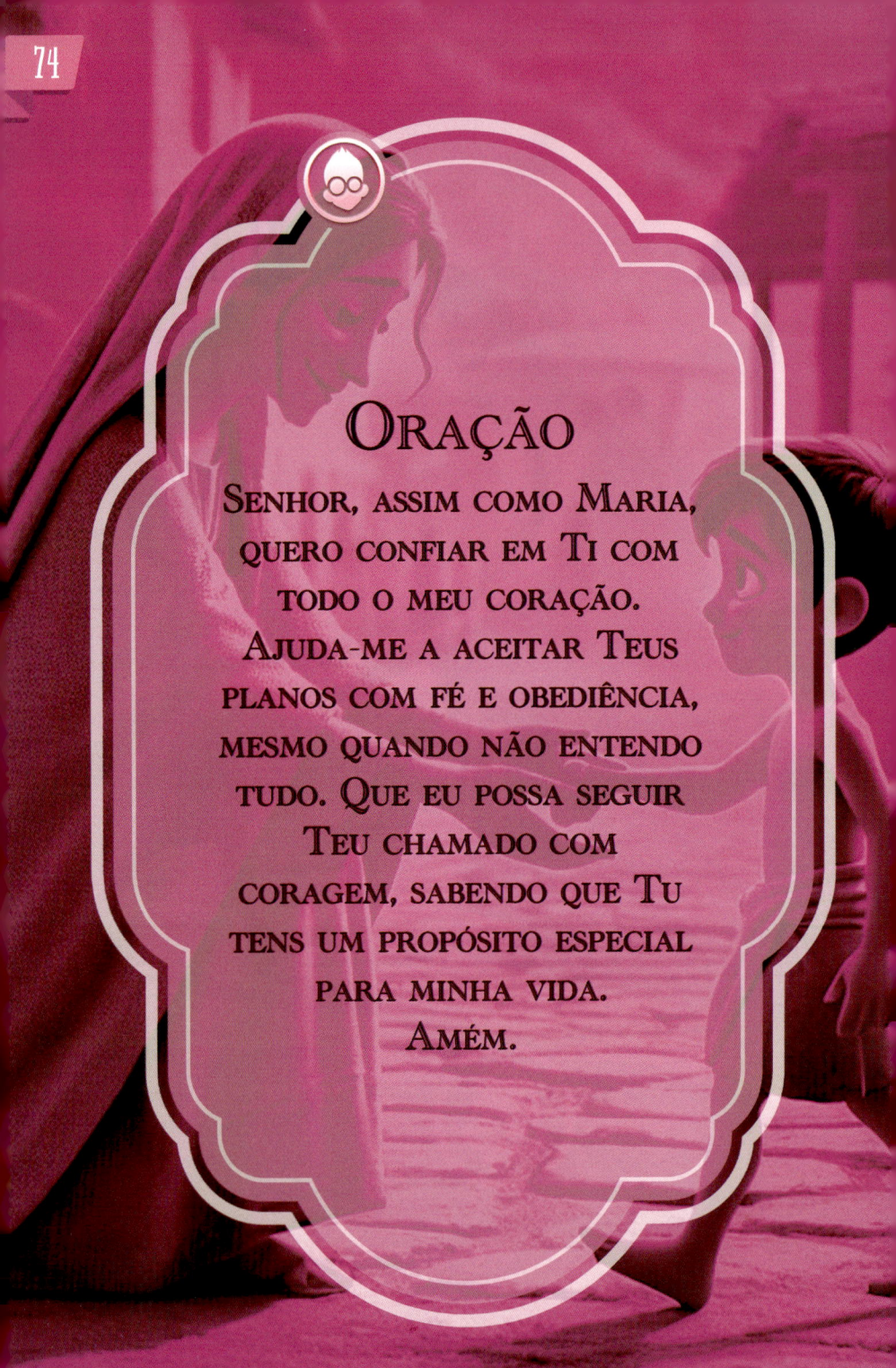

Oração

Senhor, assim como Maria, quero confiar em Ti com todo o meu coração. Ajuda-me a aceitar Teus planos com fé e obediência, mesmo quando não entendo tudo. Que eu possa seguir Teu chamado com coragem, sabendo que Tu tens um propósito especial para minha vida.
Amém.

Preciosas 16

Marta e Maria

16

As Amigas de Jesus

Lucas 10:38-42 // João 11:1-44

Preciosas

Marta e Maria eram irmãs e grandes amigas de Jesus. Elas abriram as portas de sua casa para receber Jesus, demonstrando grande amor e hospitalidade. Marta, sempre ocupada com os preparativos, queria garantir que tudo estivesse perfeito para seu hóspede tão especial. Enquanto isso, Maria escolheu sentar-se aos pés de Jesus, ouvindo com atenção Suas palavras e desfrutando de Sua presença.

Quando Marta expressou sua frustração por estar fazendo tudo sozinha, Jesus a lembrou com carinho que, embora suas tarefas fossem importantes, a escolha de Maria de estar em Sua presença era ainda mais valiosa. Esse ensinamento de Jesus nos mostra que, em meio às muitas tarefas e responsabilidades, é essencial tirar tempo para estar com Deus e ouvir Sua voz.

Mais tarde, quando Lázaro, o irmão de Marta e Maria, adoeceu e morreu, as irmãs experimentaram uma profunda tristeza. Mas foi nesse momento de dor que Jesus demonstrou Seu poder e amor, trazendo Lázaro de volta à vida, mostrando que Ele é o Senhor da vida e da morte.

Tire tempo para ouvir a voz de Deus. Estar na presença de Jesus é o melhor presente que você pode dar a si mesma, especialmente em meio às ocupações da vida.

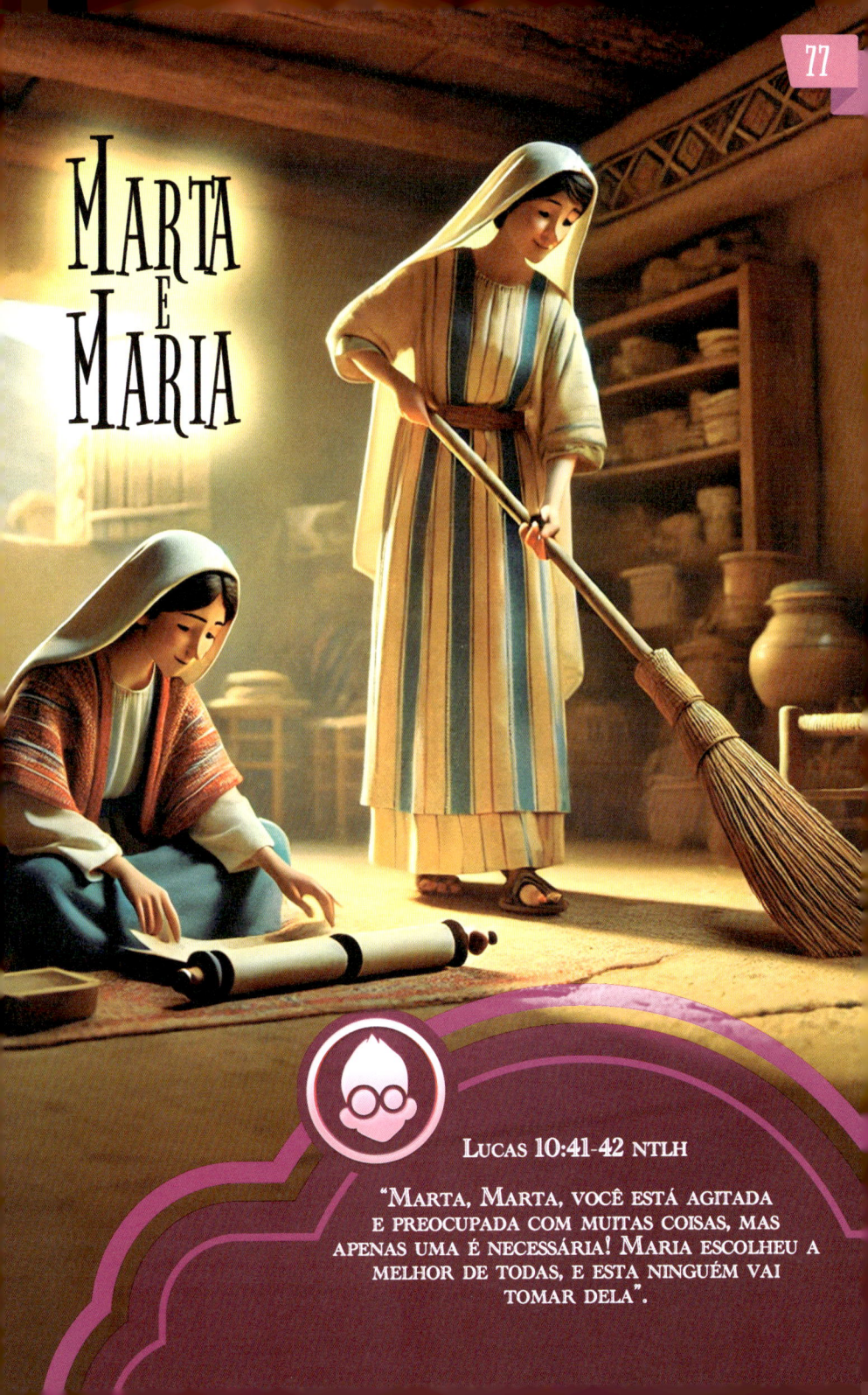

Marta e Maria

Lucas 10:41-42 NTLH

"Marta, Marta, você está agitada e preocupada com muitas coisas, mas apenas uma é necessária! Maria escolheu a melhor de todas, e esta ninguém vai tomar dela".

Oração

Jesus, ajuda-me a escolher o que é mais importante. Em meio a todas as minhas tarefas, que eu sempre encontre tempo para estar na Tua presença e ouvir Tua voz. Que eu nunca me esqueça de que estar Contigo é o melhor presente que posso dar a mim mesma. Amém.

Preciosas 17

Maria Madalena

17 — A Discípula que Testemunhou a Ressurreição

Lucas 8:1-3, João 20:1-18

Maria Madalena é uma das figuras mais inspiradoras do Novo Testamento. Após ser curada por Jesus, ela se tornou uma seguidora dedicada e uma das discípulas mais fiéis. Sua vida foi transformada pelo amor e pelo poder de Jesus, e desde então, Maria Madalena nunca mais se afastou Dele.

Quando Jesus foi crucificado, Maria Madalena estava lá, acompanhando cada momento com um coração cheio de dor, mas também de amor e fidelidade. Após a crucificação, enquanto os discípulos estavam escondidos, Maria foi a primeira a ir ao túmulo de Jesus, descobrindo que Ele havia ressuscitado. Com grande alegria e emoção, ela foi a primeira a anunciar aos outros discípulos que Jesus estava vivo!

A história de Maria Madalena nos mostra que Deus vê a dedicação e o amor no coração daqueles que O seguem, e confia grandes responsabilidades àqueles que O servem com fidelidade.

Siga Jesus com todo o coração. Ele vê sua dedicação e confia grandes responsabilidades a você, assim como fez com Maria Madalena.

Preciosas

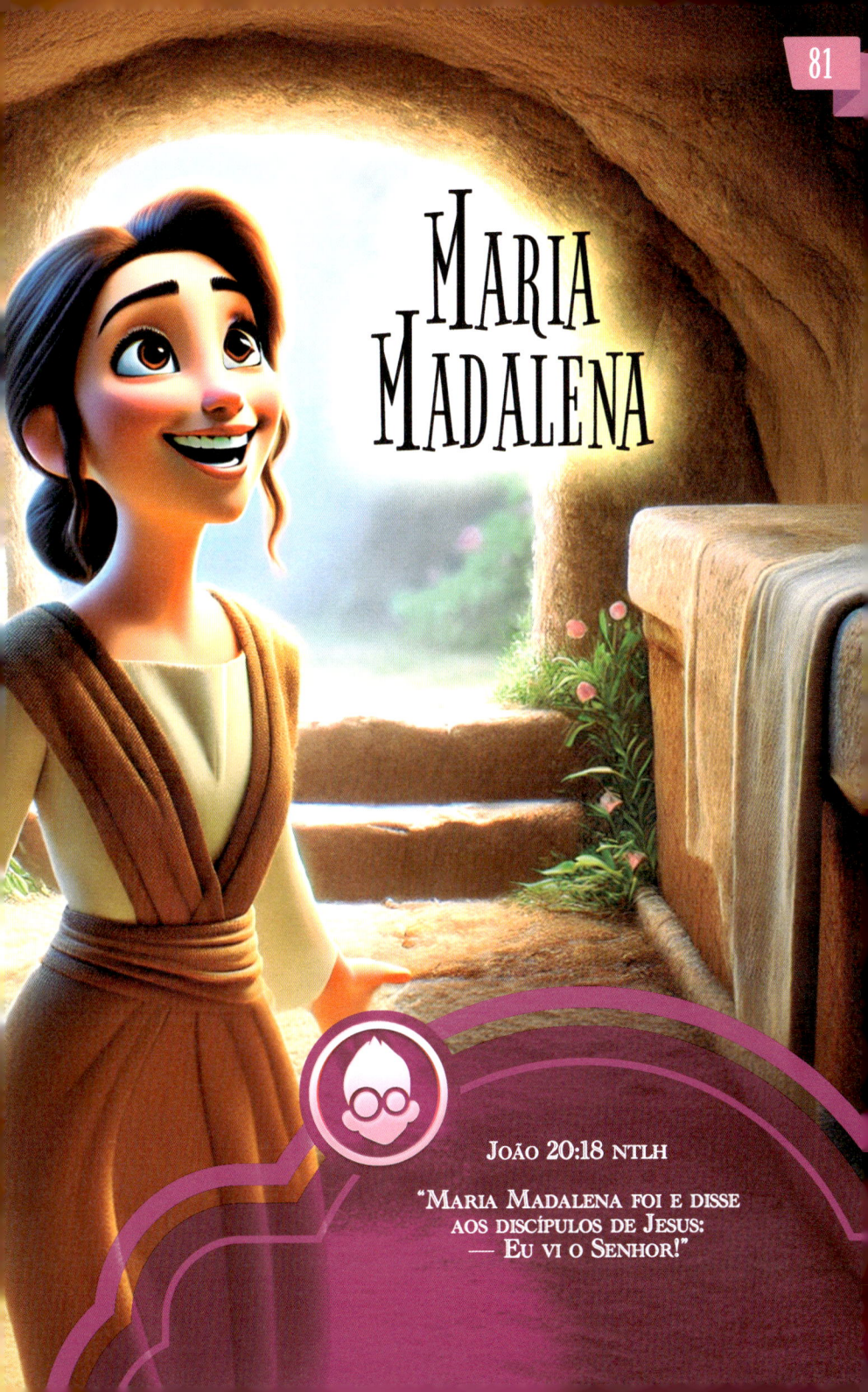

Maria Madalena

João 20:18 NTLH

"Maria Madalena foi e disse aos discípulos de Jesus:
— Eu vi o Senhor!"

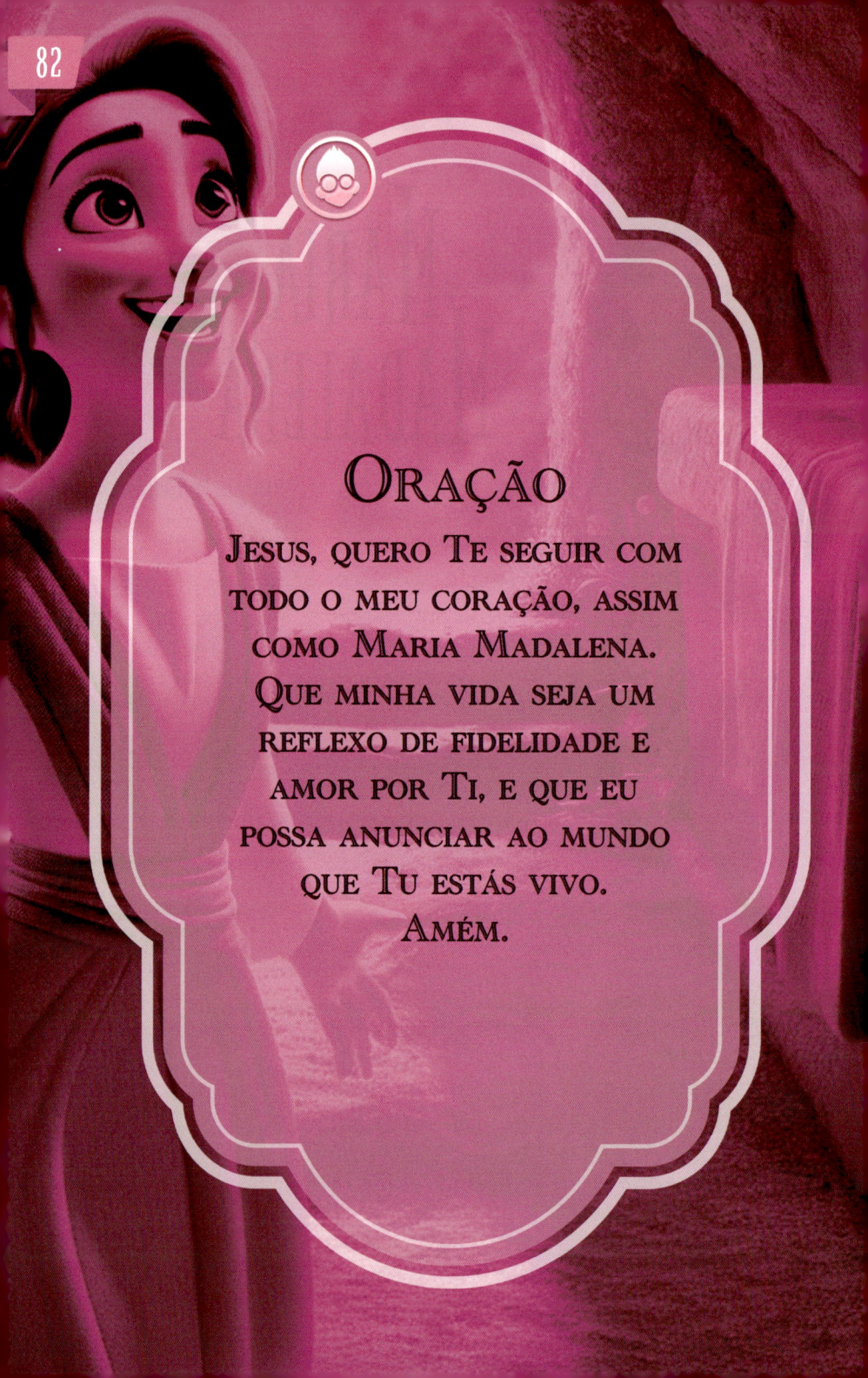

Oração

Jesus, quero Te seguir com todo o meu coração, assim como Maria Madalena. Que minha vida seja um reflexo de fidelidade e amor por Ti, e que eu possa anunciar ao mundo que Tu estás vivo. Amém.

Preciosas 18

Menina Preciosa

18 Viva Seu Propósito com Coragem e Fé

Menina preciosa, ao longo desta jornada, você conheceu histórias de mulheres da Bíblia que enfrentaram desafios enormes. Essas mulheres confiaram em Deus com toda a sua fé e coragem, e descobriram que Ele tinha um propósito maravilhoso para cada uma delas. Da mesma forma, você foi criada de maneira única e especial, com um valor imensurável aos olhos de Deus. Ele tem um plano incrível que só você pode realizar, algo que é exclusivo para a sua vida.

Deus te chama para viver com fé, amor e coragem. Ele plantou em você talentos e sonhos que ninguém mais tem, e esses são essenciais para cumprir o propósito que Ele tem para sua vida. Quando os desafios surgirem e parecerem grandes demais, lembre-se das mulheres inspiradoras da Bíblia. Elas enfrentaram suas batalhas confiando que Deus estava no controle, e assim você também pode. Seja uma menina que ora com confiança, acredita que Deus está cuidando de cada detalhe e avança com coragem mesmo diante das dificuldades.

Nunca duvide do valor que você tem e do quanto você é importante para Deus. Ele te vê como uma obra-prima, criada para brilhar de maneira única. Quando você coloca sua confiança Nele e segue o caminho que Ele preparou, você está vivendo de acordo com o propósito para o qual foi criada. Cada passo que você dá em fé te aproxima mais do que Deus tem reservado para você, e isso é algo maravilhoso e cheio de significado.

Lembre-se sempre: você é uma menina preciosa, profundamente amada por Deus. Ele está ao seu lado, te guiando e te fortalecendo em cada momento. Confie Nele, siga seu propósito com determinação, e saiba que seu valor é imenso, porque você foi criada para fazer a diferença no mundo de uma forma que só você pode fazer.

Menina Preciosa

Isaías 43:4 NTLH
"Vocês são preciosas para mim, e eu as amo."

Nota do Autor: Este versículo é uma adaptação de Isaías 43:4 (NTLH), que reflete o valor e o amor que Deus tem por cada uma de vocês.

Oração final

Senhor, muito obrigada por nos criar de maneira tão especial e única. Ajuda-nos a viver com fé, amor e coragem, sempre confiando em Ti e seguindo o propósito que tu tens para cada menina preciosa. Que nunca nos esqueçamos de que somos preciosas aos Teus olhos e de que Tu nos amas profundamente. Amém.

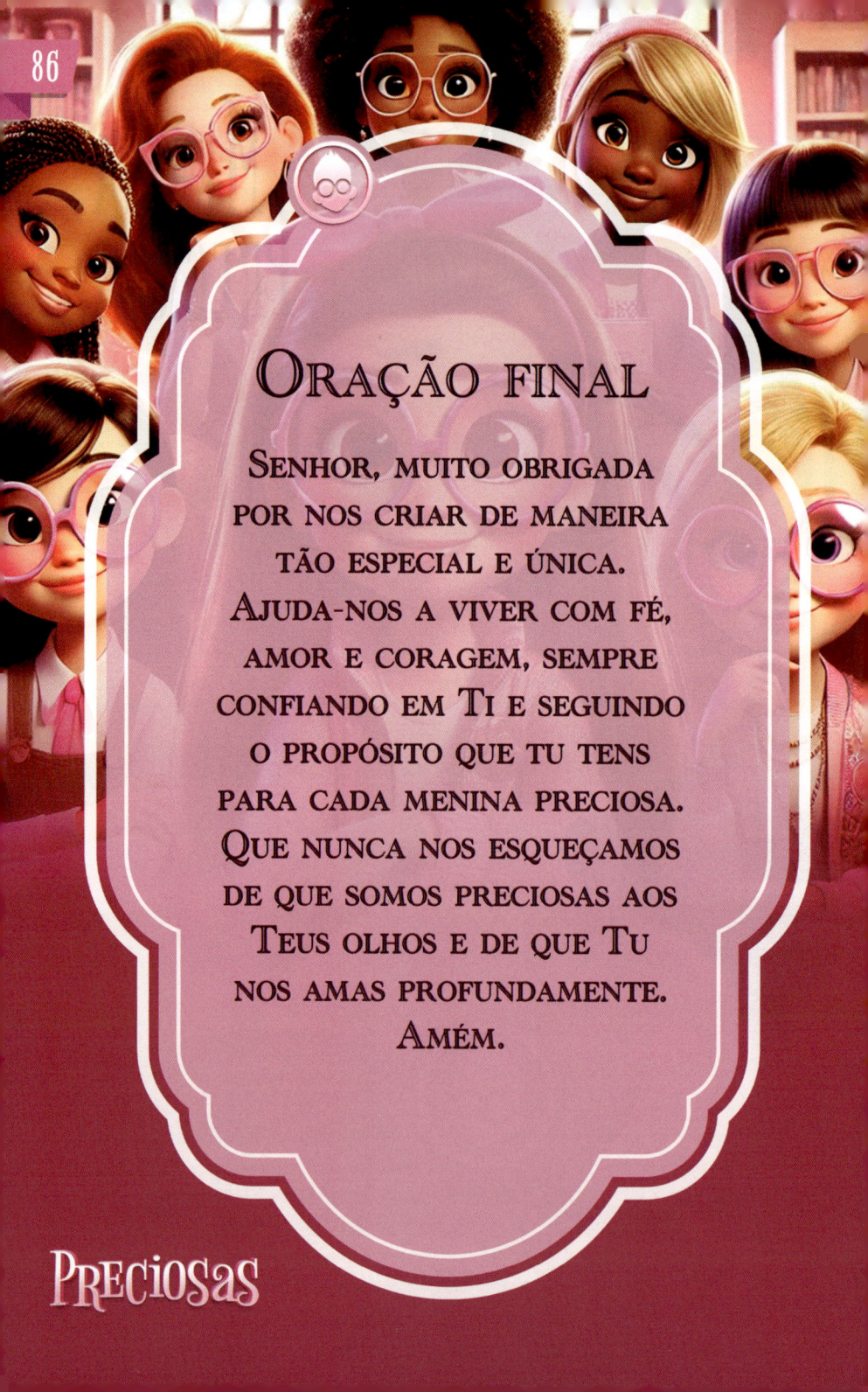